영혼의 산책길

영혼의 산책길

이행수 수필집

서문

무술년도 이제 저물어간다.

올해는 40여 년간의 강단 생활을 마감하고 정년 퇴직을 하게 된 해이다.

어떤 식으로든 삶의 또 하나의 장이 정리되고 또 새로운 장을 열어나가야 할 시점이다.

그래서 그동안 이런 저런 잡지, 신문 등에 실었던 글들을 모으고 또 새로운 마음으로 쓴 몇 개의 단상들을 보태어 작은 글 묶음을 만들었다.

지난 날 쓴 글들을 모으면서 '아, 내 마음이 이러 과정들을 거쳐 왔구나' 하는 것을 아는 데에 작은 의미를 둘 수 있었다.

그 과정의 글들이 힘들었던 내면의 뒤척임에서 비롯되어 작은 깨우침의 순간들로 이어지는 것들이기에 정리하면서도 다시 찬찬히 곱씹어보게 되었고 그 과정을 찬찬한 호흡으로 정리해두고파 책의 편집도 여백을 두고 하고 싶어졌다.

이미 발표했던 산문에서 많은 부분을 도려내고 그렇다고 시는 아니지만 시의 배열처럼 성글게 해보기로 했다.

이 세상의 어떤 것도 우연은 없다는데 살아오는 과정의 어떤 지점들에 고통이 있었다 해도 오늘 여기에 서게 된 필연의 원인이 거기에 있었음을 안다.

돌이켜보면 나의 일생은 눈에 보이게 돌아가는 세상의 뒷 켠에 무엇이 숨어있을까 하여 그것을 더듬고 탐색하는 과정이 아니었나 싶다.

그렇다고 무에 내세울 것을 채굴했다고 감히 말할 수는 없지만 탄부처럼 그 노력을 지속적으로 해온 데 대한 후회는 없다.

적어도 나는 내 안에 평화와 같은 귀중한 보배들이 무궁히 매장되어 있다는 사실을 알았고 밖의 것들에 대한 갈망 대신 내 안에 이미 있는 것들을 원함으로써 언제나 그것을 내 현실로 끌어올 수 있다는 것을 배웠으니 지금은 그것으로 족하다.

어설픈 지나간 족적들을 정리하며 다시 또 내 안의 것들을 길어 올려 새 길을 열어갈 궁리를 하니 기쁘다.

이 여정에 늘 함께 해주시는 하나님께, 그리고 동행인 모든 님들께 큰 감사 드립니다.

2018년 겨울

이 행 수

차례

영혼의 산책길

나는 누구인가?

살아가면서 "나는 누구인가?" 라는 질문 앞에 서 보지 않은 사람은 많지 않을 것이다.

그저 자신의 의지와 상관없이 주어진 인생이니까, 혹은 물어도 속 시원한 답을 얻을 수 없는 문제니까 덮어두고 사는 것일 뿐, 마음 속에서 맴도는 자신의 참된 정체성에 대한 문제는 살아있는 존재의 근원에 도사리고 있는 가장 중요한 주제일 수 있다.

아무개를 부모로 하고 어떤 집에서 태어난 누구이며 남자, 혹은 여자이며 아버지, 어머니, 학생, 사장, 공무원 등의 세상에서 맡은 역할 등 육체적인 정체성은 명확하다 하더라도 그 외관 뿐의 육체적 자아로는 그의 내부에 있는 감정, 생각, 가치관 등 정신적 정체성을 알 수 없다.

그런데 보이는 육체적 존재와 자신이 맡은 역할만이 자기 자신이라고 주장할 사람은 없을 것이다. 또한 그 외면적 자아 너머의, 생각하는 존재가 진짜 자신임을 부정할 사람은 없을 것이다.

그 외면적 존재 너머에 있는 자아를 막연하게나마 의식하지 않는 사람도 없을 것이다.

그런데 대체로는 어느 집에서 어떤 성씨로 태어나서 어떤 교육을 받고 어떤 역할을 하는 관계를 갖고 어떤 직업을 갖고 있는 존재인가 등의 육체적 정체성을 자기라고 생각하고 다른 내면적 정체성에 대해서는 별생각 없이 살아가고 있을 뿐인 것 같다.

피상적 정보로 이루어진 육체적 존재가 자기라고 생각하고 살면 이 세상에서의 목표가 육체적인 문제의 해결, 즉 잘 먹고 잘 입고 좋은 집에서 좋은 직장 다니고 돈 많이 벌어 호사하고 이름을 얻고 하는 것만이 최대의 목적이 될터이고 그 목적의 달성이 최고의 행복을 주어야 할 것이다.

그런데 많은 연구의 결과가 보여주는 것은 인간이 기본적인 욕구를 채우게 되면 그 이상의 물질의 향유가 결코 행복지수를 많이 높여주지 못한다는 것이다.

돈과 지위와 명예를 목표한 만큼 얻었어도 마음의 빈 곳을 채우지 못해 불행에 빠진 사람들도 많다.

그렇다면 우리는 육체적 존재일 뿐 아니라 물질 너머를 꿈꾸는 내면의 어떤 다른 존재로서의 정체성도 갖고 있음을 생각지 않을 수 없다.

대부분의 종교에서 말하는 인간의 참 정체성은 육체적 존재로서의 정체성이 아니라 내면에 있는 또 다른 자아인 영적 자아의 정체성이라는 것이다.

육체적 존재는 부모의 영향, 환경과 교육의 영향에 따라 변화하는, 일시적 존재요. 시간과 공간의 제약을 받는 존재요, 쇠퇴하고 죽어가야 하는 덧없는 존재임을 인정하지 않을 수 없다.

그리고 각자가 이 세상에서 맡은 역할은 마치 무대 위에서 연기하는 일시적인 배우와 같다는 것.

배우가 무대 위에서 거지의 역할을 맡았어도 그가 무대에서 내려오면 그 배우 본연의 정체성으로 돌아온다.

내면의 영적 자아는 무대 위에서든 무대 밖에서든 변함없고 영속적인 속성을 가진 존재라는 것이다.

그런데 자기가 영존하는 영적 존재라는 것을 외면한 채 죽어 흙으로 돌아가고 말 육체만을 보양하기 위해 애쓰고 그 육체의 문제들에 매여 종살이 하듯 하면서, 살아가는 내내 죽음을 두려워하다가 인생을 끝낸다면 이 얼마나 아까운 생명의 낭비인지 모른다.

그러한 노력의 끝이 아무 것도 가져갈 수 없는, 그저 흙으로 돌아가는 허무한 것이기 때문이다.

우리는 우리가 잠시 빌려갖고 있는 몸, 성격, 생각, 잠시 잠깐의 재물과 지위 그리고 역할, 이런 것들만이 자기 자신인줄로 여기고 살기에 자신 안에 정말 귀한 보배가 있는 것을 까맣게 모르고 부족한 자기의 육체적 모습과 결핍된 물리적 환경을 탓하며 가난한 마음으로 살아가기 쉬운 것이다.

신성과 연결된 보배로운 영혼이 육체 안에 깃들어 있다고 생각한다면 그리고 그것이 우리의 참 정체성이라고 믿는다면 자신을 훨씬 더 소중하고 귀한 존재로 여기며 살 수 있을 것이다.

이 믿음을 갖고 사는 것에 무슨 손해가 있을 것인가? 첫째는 자기 존재에 대한 자부심을 가질 수 있고 자기를 사랑할 수 있기에 밝은 마음으로 살 수 있고 죽음이 두렵지 않기에 언제나 안정된 마음으로 당당하게 살 수 있다.

영국 시인 윌리암 블레이크는 그의 "순수와 경험의 노래들"이라는 시편에서 '순수한 세계' 와 고통과 수고가 따르는 '경험의 세계' 를 대조시켜 노래하고 있다.

'순수의 노래들' 에 나타나는 세계는 영혼의 세계이고 '경험의 노래들' 의 세계는 고통과 죽음이 있는 세계로 나뉘어진다.

블레이크가 제시하는 이 두 세계는 우리 안에 공존하는 두 정체성을 드러내는 세계로 보여진다.

순수한 영혼의 상태는 언제나 우리 안에 내재하지만 물질주의의 환상에 매몰되는 경험세계에만 머무를 때 영혼의 순수성을 망각한다는 것이 그의 인간관이었다.

"경험의 노래"에 등장하는 인물들은 신과의 관계가 끊어진 이기적인 자아의 욕구에만 매인 인물들이다.

그러나 '경험세계' 속의 인물들을 악으로만 그린 것은 아니다.

그 속에서 순수에의 의지를 키우면 신적인 형상으로 나아갈 수 있다는 비전을 제시한다.

인생의 여정은 육체적 자아가 특정 역할을 맡아 물리적 세계의 경험을 해가면서 영적인 자아가 본래의 영혼의 순수성을 찾아가는 여정이라고 볼 수 있다는 것이다.

가진 것을 원하라

육체적 존재만이 자기라고 생각하는 마음엔 두려움이 있을 수 밖에 없을 것이다.

누구보다 자신이 자기 육체의 한계를 가장 잘 알겠기 때문이다.

먹여 주지 않으면 몇 시간 안에 배가 고프고 입성을 소홀히 하면 몇도 안팎을 두고도 춥거나 덥거나의 고통에 힘들어지고 지붕으로 보호해주지 않으면 다치고 부서지니 불안하고, 육체적 죽음의 위험은 처처에 도사리고 있으니 그 누군들 두려움 없이 육체적 존재로만 살아갈 수가 있을까?

육체적 존재로서만 살아간다면 외면적으로 오감에 의지해 사는 것이기에 남과 비교하는 것이 없을 수 없고 그러자니 경쟁이 생기고 경쟁하자니 집착과 탐욕이 나오고 그 때문에 분노, 미움, 시기, 질투가 생기고 분노, 미움,

시기, 질투 때문에 갈등과 싸움이 생기고 결국 육체적 자아로서의 삶은 파국으로 끝날 수 밖에 없다.

영적 존재로서의 정체성을 가지고 살면 그럼 무엇이 다를까?

우리의 내면엔 누구에게나 악덕들이 있지만 또한 양심으로 대변되는 미덕들이 있다.

악덕들은 육체로서의 존재로 살 때 표면으로 나올 수 밖에 없는 것들이지만 외부적인 문제들로 인해 마음이 헝클어져도, 눈으로 보고 듣는 것 때문에 유혹에 흔들려도, 누구나의 마음 중심엔 사랑할 수 있는 능력과 정직과 평화와 순수함 같은 것들이 있다.

마음의 깊은 곳에 자리 잡고 있어 악덕들의 베일에 가려있을 수 있다 해도 누구도 빼앗아 갈 수 없는 그것이 있기에 육체적 존재만의 여타 동물과 인간이 구별되는 것이리라.

잠시 잠시 혼돈이 온다 해도 다시 중심을 잡아주는 내면적 가치의 그 자각이 영혼의 자각이라고 믿는다.

어떤 상황에서도 자발적 선택에 따라 휘저어진 마음을 평화로 되돌릴 수 있는 힘이 영적 존재의 중심에 있음은 참으로 감사하다.

침묵 속에서 내면으로 들어가면 언제나 자신의 평화로운 모습을 발견할 수 있다.

그리고 그것이 우리의 참모습이요, 참자아라고 믿는다.

그 안에 사랑할 수 있는 능력이 있기에 미움도 극복할 수 있고 그 안에 삶을 긍정적으로 바라볼 수 있는 눈이 있기에 분요한 세상 속에서도 평화를 유지할 수 있다.

그것은 물질이 아니기에 닳아짐도 없고 외부에 있지 않기에 빼앗길 수도 없다. 써도 써도 밑바닥을 드러내지 않고, 쓸수록 풍부해진다는 것이니 얼마나 부요한 자원인가.

이렇게 자기 안에 매장되어 있는 보배가 무궁무진함을 믿는다면 다른 아무 것이 없어도 큰 부자로 살 수 있을 것 같다.

누군들 평화의 자원이 있음을 알면서 육체의 욕망에만 붙들려서 죽을 때까지 노예처럼 끌려 다니며 불안하게 살고픈 이가 있으랴.

영적 존재로서의 정체성을 믿고 내면으로 깊이 들어가 보면 깊은 곳에 매장된 그 무궁한 지혜와 사랑과 기쁨과 평화가 그의 안에서 찾아질 수 있다니 찾으려는 의지만 있다면 보물섬 지도를 얻은 것과 같지 않으랴.

비로소 심리학자 데이비드 마이어스의 말이 이해된다.

"만족은 원하는 것을 갖는데 있기 보다는 가진 것을 원하는데 있다"는…

욕망의 지연

신기루가 없으면 사막을 걷지 못하듯 욕망의 지연이 없으면 인간은 살지 못한다고 라캉은 말한다.

그래서 사막 같은 삶에 기다림은 구원일 수 밖에 없다.

지금이라는 시간 속의 빈칸에는 언제나 꿈이라는 이름으로 지연된 욕망이 자리하고 있다.

지금이라는 시간 속에서 흡족히 머물러 있을 수 없기에 늘 지금이라는 현재는 내 삶에서 한 발작씩 밀려난다.

그래서 한 순간도 현재를 살지 못하고 금쪽같은 시간들을 유예시키며 죽음에까지 이르고 만다.

현재 이 순간에도 끊임없이 삶은 이어져 가는데 부단히 삶의 동작을 이어가면서도 과정에는 무심하고 아직 이루지 못한 것, 찾지 못한 것 때문에 그것을 이루고 찾을 때 빈칸은 메워지고 인생은 의미 있어지리라고 꿈꾼다.

『고도를 기다리며』라는 희곡은 참 재미있는 장면으로 시작된다.

극이 시작되면서 에스트라공이라는 자가 길가의 낮은 둔덕에 앉아 장화를 벗으려고 기를 쓰는 장면이 펼쳐진다.

그러면서 그는 중얼거린다.

"아무 것도 되는 게 없단 말야!"

이 말은 후렴처럼 이후로도 여러 번 반복된다.

이 단순한 행동과 간단한 말 한마디가 얼마나 극명하게 인간이 처한 인생의 조건을 제시해주고 있는지 깨닫는다면 첫 장면에서 이미 극의 반은 이해된 것이나 다름없다.

육체에 매여 전전긍긍해야 하는 삶 속에서 좀 더 나아져보려고 발버둥치지만 이루는 것도 없고 얻는 것도 없고 도달할 곳도 없이 발만 아픈 채 떠나야하는 인생의 총체적인 모습을 이보다 더 간략하게 표현해줄 수 있을까?

또한 에스트라공의 상대역인 블라디미르는 모자를 썼다 벗었다 하면서 모자 속에 무엇이 들어있는지 들여다보곤 다시 쓰고 또 벗고 하는 우스꽝스러운 짓을 되풀이한다.

그 역시 모자 속에서 아무 것도 발견하지 못하곤 "아무 것도 없잖아!"를 반복한다.

인간이 존재하기 때문에 무엇인가 행하지 않으면 안 된

다는 싸르트르의 실존주의 명제를 연상시키며 이들은 위와 같은 단순 동작을 되풀이한다.

또한 무의미한 말들을 주고 받으며 시간을 보내면서 '고도' 라는 어떤 존재를 기다리고 있다.

이들을 둘러싼 배경에는 아무 것도 없고 나무 한 그루만 덜렁 서있다.

발의 고통을 호소하는 에스트라공은 땅을 지향하는 존재임을 알려주는 듯하다.

반면 에스트라공의 발냄새와 마늘 냄새를 역겨워하며 머리와 모자에 신경을 쓰는 블라디미르는 하늘을 지향하는 존재라 할 수 있지 않을까?

지하에 뿌리를 내리고 생명을 성숙시켜가며 하늘로 그 가지를 뻗치고 있는 나무 한 그루는 어쩌면 에스트라공과 블라디미르를 합치시켜놓은 상징물인 듯 하다.

그 나무는 육체적, 지상적 삶에 발을 붙이고 살아가나 그 영혼은 천상을 향해 손을 뻗치고 있는 인간의 상이 아니랴.

네 발 달린 짐승은 아래만 보고 걷고, 땅만을 보고 잠들지만 인간만은 직립하여 땅과 하늘을 동시에 지향하며 사는 동물임을 상기시킨다.

결국 흙으로 돌아가는 삶을 위해 발이 부르트도록 헤매지만 하늘을 우러러 별을 보며 잠들 수 있는 존재이기에 허무히 땅으로 돌아가는 길 말고 하늘로부터의 어떤 구원을 기다릴 수도 있는 존재가 인간이 아닌가.

별을 꿈꿀 수 있다는 것은 무슨 의미인가.

별을 헤는 밤이면 지상만이 아닌, 더 넓고 더 무한한 세계로의 지향이 가능하다는 것을 가슴으로 느낄 수가 있다.

사막 같은 길을 걸으면서도 끝없이 욕망을 지연시키며 내일을, 또는 더 넓은 세계를 향해 목을 길게 빼는 인간의 모습은 어리석음인가. 지혜인가.

에스트라공과 블라디미르는 계속 기다려도 오지 않는 고도를 끈질기게 희망을 가지고 기다린다.

그러나 고도를 기다리는 그들에게 고도는 나타나지 않고 럭키라는 종을 줄에 묶어가지고 포조가 등장한다.

잔인하게 럭키를 구속하고 부려먹고 학대하는 포조는 인간 고통에 잔인할 만큼 무관심하고 인간을 고통에 시달리게 하고 지상의 노예처럼 묶어놓는 신에 비유되기도 한다.

아니 사람들이 그렇게 오해하고 있는 신이기도 하다.

줄에 매여 있는 럭키는 언어의 카오스에 빠져 진정한

대화 상대자도 없이 무의미한 연설을 늘어놓는다.

앞 뒤 맥락도 없이 끝없는 말을 쏟아내는 럭키는 현대 삶의 언어의 무의미성, 허구성, 진정한 의사소통의 불가능성을 알려준다.

억압의 줄에 매여 짐을 지고 헐떡거리면서도 왜 럭키의 이름은 행운을 뜻하는 럭키인가?

자발성과 개성을 포기당한 상태가 차라리 행복하다는 것인가.

자유로부터 도피하여 속박으로 들어가 자아를 상실하는 것이 그래서 자동 인형화 되는 것이 명료한 자아 의식으로 방황하는 것보다 다행스럽다는 것인지 모르겠다.

포조의 끈에 묶인 럭키는 최소한 신과 동행하면서 신의 수족 노릇은 충실히 하고 있다는 의미일까?

맹목적으로 신에 매여 있는 생명력 없는 종교를 연상시키기도 한다.

또한 노예 상태로 묶여 있음에도 불구하고 포조와 줄로 연결되어 있는 럭키의 상황은 인간이 개체로 존재하면서 개체의 존재를 의식한다는 것만큼 두려운 일이 없다는 메시지를 전해주기도 한다.

하늘을 꿈꿀 수 있지만 어떻게 도달할 수 있는 것인지

모르기 때문에 지상에 묶여 수동적 삶을 인내해야 하는 럭키와 같은 우리의 모습을 의식하면 순간 섬찟해진다.

자아를 찾아 방황하지만 어디서 찾아야 할지 막막할 뿐임을 이들의 답답한 상황이 잘 말해주고 있다.

설상 가상 럭키를 포승줄에 묶어 데려가는 포조는 자신이 장님이라고 말한다.

우리를 안내하는 존재의 모호성을 이야기하는 것일까?

에스트라공과 블라디미르의 눈 앞에 잠시 머물다 사라진 포조와 럭키는 인간 상황의 비극적 현주소를 드러내 준 것에 불과하다.

그들이 사라지는 것과 동시에 다시 희망은 사라진다.

에스트라공과 블라디미르는 계속 고도를 기다려야 한다.

처음 장면에서 장화를 벗으려고 끙끙거리다가 실패했던 에스트라공은 마지막 장면에서도 여전히 장화를 붙들고 몸부림친다.

장화를 벗어던지고 후련하게 뛰어다닐 수 없는 에스트라공의 갇힌 상황과 내일도 고도가 오지 않으면 목을 매자고 하는 블라디미르의 절망은 그러나 결코 극복 가능성이 없는 절망으로만 끝나지는 않는다.

왜냐면 그들이 기다리는 바로 그 내일 고도는 올지 모르기 때문이다.

아니 한 소년이 그들에게 와서 고도는 오늘 안 오지만 내일은 온다고 말해주었기 때문이다.

지연되는 욕망은 여기서도 구원이다.

그처럼 내일 고도가 오면 "우리는 구원된다!"고 블라디미르는 말힌다.

그들에겐 지연되는 욕망이 희망이다.

기다릴 수 있는 희망이 있는 한 다시 말해 욕망이 지연되고 있는 한 인생은 살아야 할 가치를 지니게 된다.

이제 그만 이곳을 떠나자고 하면서도 한 발짝도 움직이지 않고 그들은 그대로 어제처럼 또 그제처럼 고도를 기다리고 서 있다.

반절의 낙망과 반절의 희망을 품은 얼굴로 그들은 구원을 기다리고 서있다.

그것이 도래할 가능성이 있기 때문이다.

욕망의 지연이 환상이라 해도 그것이 삶의 동인인 한 환상을 깨는 것이 차라리 부도덕한 것인지 모른다.

그럴지라도 지금 장화를 붙들고 몸부림치는 이런 무의미한 삶에서 한 걸음 더 나아갈 그 무엇을 찾아야 하는 게 아닐까?

바깥 세상을 떠나는 시간 

밖의 세상이 너무 소란스럽다.

나라 안팎에서 일어나는 변화무쌍한 일들이 개인적으로 직접 관계가 없는 일일지라도 개인의 내면을 어수선하게 하는 비중을 무시할 수 없다.

밖이 소란스러워서 내면이 복잡해지는 것인지 사람들의 마음이 갈피 없어서 세상이 어수선해지는 것인지 알 수 없다.

차 안에서도, 길거리에서도, 전화통을 붙들고 사는 이들을 보며 옛날 파발마를 띄우던 시절을 상상해본다.

소식 하나를 전하기 위해 하룻길이나 사흘길, 아니 한 달 길을 말을 달리거나 또는 걸어서 가던 길, 어쩌면 그때는 그 소식이 전달되기까지의 기간 동안 그 소식에 적힌 만큼의 상황이 변함없이 유지될 수 있었던 때였을테지만 요즘 속도감에 비교하면 신기할 따름이다.

요즘 같으면 그사이에도 상황이 많이 변해서 소식이라는 것은 이미 의미를 상실해버리기 십상이다.

점심 시간 잠간의 외출, 또는 직장에서 집으로 돌아가기 까지의 그 시간 동안에 일어나는 일조차 담아둘 수 없어서 마음을 전파에 얽어매고 잠시의 휴식도 취할 수 없는 삶이 참 고단해 보인다.

"별일 없어? 응, 나 지금 집에 가고 있는 중이야. 조금 있다 봐!"

버스 안에서 울려대는 이 긴요한 전화 메시지를 들으며 끝없이 올라가는 불안지수를 달래며 살아가는 삶들에 연민이 인다.

이제 우리들의 귀는 전파중독이 되어서 어린 잎을 건드리며 가는 미풍의 소리, 창공을 날아오르는 새의 날갯짓 소리를 더 이상 듣거나 감지할 수 없을 것이다.

시냇물 소리, 새소리, 파도소리, 숲의 바람소리 속에서 고요한 다른 세상을 느끼고 싶어 이따끔씩은 문명의 선이 파고들지 않는 그 어느 곳으로든 완전히 절연되어 가고픈 마음이 간절해진다.

어느 곳이든 침묵 속의 이야기를 나눌 수 있는 곳, 유폐 속의 자유를 느낄 수 있는 곳, 삶이 닫혀진 듯한 곳에서 진짜 삶이 움직이며 성숙하는 것을 보고 싶어진다.

천년의 비바람 맞으며 속을 키워온 노송 앞에서 그 높이에 이르러야 할 영혼에 대해서 아득할망정 꿈이라도 키우고 수렁 속의 연꽃 앞에서 왜 생에서는 역설만이 진실인지를 곰곰 생각도 해보고 싶다.

바람에 수선스럽게 나부대는 나뭇잎들이 시야를 가리고 있어도 그 나뭇잎들을 달고 있는 가지와 그 가지들을 감당하고 있는 저 깊은 밑바닥 뿌리들의 적요한 존재를 의식하며 하룻날을 보낼 수 있다면 바람과 나뭇잎에만 온통 마음을 다 빼앗겨 버리고 사는 껍데기 삶을 다시 추스릴 수도 있을 것 같다.

은밀하게 생명을 키우고 있는 그 보이지 않는 힘을 볼 수 있는 시간을 갖는다면 사실 우리 외면의 세계는 우리 내면의 세계의 반영임을 깨달을 수 있잖을까.

불안한 마음이 불안한 현실을 만들어내는 것임을 확연히 알 수 있을 것같다.

그렇다면 먼저는 무엇일까? 먼저는 우리 마음을 고요히 할 일이고 그렇게 머물러 있음의 마음이 우리의 평화로운 현실을 만들어내는 것임을 잊지 말 일이다.

아파트 높이로만 고정되어 있던 눈을 들어 나뭇가지의 끝, 분주한 이 세상의 바깥둘레, 혹은 딛고 선 땅 아래 침묵의 깊이로 때때로 마음의 눈길을 돌려 볼 일이다.

피곤함으로 또는 낭패감으로 후줄근해진 넋이라도 건듯 불어와 주는 바람에 세수하고 산뜻하게 살아날 듯한 그런 곳으로 향할 수 있는 마음의 여유가 그러나 왜 그렇게 없는지 안타깝다.

소란스러운 세상사 속에 휩쓸려 좁쌀만한 일들에 흥분하고, 마음 헝클리고 덧없이 소비해버려야 하는 시간들이 너무 아깝지 않은가.

내 영혼이 복잡한 타래로 얽힌 육체의 통로들을 비집고 걸어 나와 고요히 나와 대좌할 수 있는 그런 시간을 자주 갖기를 염원한다.

그 때 비로소 내게 말을 걸어오는 내속의 나에게 귀도 기울이고 내 안의 너른 세상도 알게 되리라.

비록 땅 한 줌에 매여 옴짝 없이 앉아 있어도 우주를 향해 자유롭게 숨 쉬는 또 다른 나의 영혼은 나의 작음에서 벗어나 우주의 그 광대함으로 합류할 수도 있을 것 같다.

그렇다.

우리는 모두 바깥 세계에 붙어 그 경험으로만 사는 것 같지만 기실 그 세계 속에서의 현실은 내 안의 선택이 만들어낸 결과란다.

각박한 마음이 만들어낸 현실이 각박한 것이며 평온한 마음이 만들어낸 현실은 평온할 터이다.

그래서 세상이 각박하다고 생각하는 것보다 세상이 살 만하다고 생각하는 것이 행복할 가능성을 높인단다.

간혹은 바깥 생활과의 전투 중지를 선언하고 잠시 평화협정을 맺을 필요가 있다.

찻잔에 고인 고요를 응시하며 그 향기를 마시면서 그리고 가볍게 마음의 호흡을 하면서 내다보는 세계는 비로소 폭풍 속의 고요처럼 평화롭게 느껴질 것이다.

잠시 바깥 세상을 떠나 있는 이런 시간들을 자주 가진다면 세상은 더 평화로워질 듯하다.

바깥과 한덩어리가 되어 혼돈 속에, 사건 속에, 아우성 속에, 시간 속에 매몰되어 굴러가다가도 문득 그 덩어리로부터 떨어져 나와 세계를 바라보기, 그리고 나를 바라보기. 그것이 나이들수록 더 필요한 일임을 절감한다.

그 명상의 시간들 속에서 비로소 내가 얼마나 껍데기로만 살고 있으며 사실은 껍데기 속의 알맹이를 놓치고 살고 있는가를 다시 깨우치게 된다.

비로소 보이는 내 안의 나, 새로운 풍경, 신, 손 내밀어 잡아야 할 접속의 끈들을 발견하게 된다.

거울 속의 신

일본 다자이후 시의 천만궁 신사에 갔더니 정 중앙에 둥근 거울이 모셔져 있는데 그것을 신으로 생각하고 그 앞에서 절을 하는 것이라고 동행인은 설명해주었다.

거울 앞에 서면 거울 속의 신은 보이지 않고 자신의 모습만 비칠 수 밖에 없다.

그 거울 앞에서 신에게 절을 한다고 하면 거울 속의 신은 나에게 절을 한다.

나는 내 안의 신에게 경배하는 셈이다.

순간 나는 거울을 신으로 모셔놓은 지혜에 감탄했다.

그것은 갑작스럽고 뚜렷한 통찰이었다.

거울은 물리적 세계의 신은 물론 아니다.

물리적 세계 그 너머, 그 깊은 곳에 존재해 있는 자기 내면과 연결된 신을 볼 수 있도록 마련된 지혜가 거기 있었다.

나의 몸을 빨아들였다가 다시 반사로 내놓는 그 거울의

깊은 속에서 함께 뿜어져 나오는 빛을 볼 수만 있다면 신사참배는 우상숭배가 아니라 깨달음의 길일 수 있다.

내적인 경험으로 불현 듯 다가온 내 앞의 신과의 만남, 나와 꼭 닮은, 내 안의 신으로부터 내게 온, 지극히 따뜻한 악수의 손길,

"너를 보고 있다"

"네 소원을 알고 있다"

"아무 염려 말라"고 웃음 띈 얼굴로 내 손을 잡아주는 사랑,

그런 것을 느낄 수 있게 해준 장치가 신사의 둥글고 큰 거울이었다니, 제도적 기독교에 머물러 있는 또 하나의 나는 신사 참배라니, 우상숭배의 어리석음에 손가락질하고 있었지만 나는 그 모든 껍데기 의식을 지워버릴 수 있는 통찰의 기쁨이 내안에서 은연히 솟아오르는 것을 느낄 수가 있었다.

낭만적 사랑

인간이 에덴에서 부린 자유 의지에의 최고 형벌은 죽음이고 그리고 그 다음 형벌은 사랑이 아닌가 싶다.

최고의 기쁨을 약속하는 듯한 천형의 고통. 낭만적 사랑 안엔 환상이 있다는 것이 비극이다.

씨지프스와 탄탈로스의 애태움 같은 잔인한 미완이 오히려 완성인 역설.

다 채우면 지고의 행복을 얻을 수 있을 것 같은 속임수.

화려하지만 사라지면 어둠 만이 남는 밤하늘의 불꽃놀이.

가장 순간적인 것을 가장 영원한 것으로 이끌려는 헛된 노력.

해갈의 순간 다시 목말라지기 시작하는 메마른 심연.

가슴 속에 묻어둔 사랑만이 완전하고 자유로운 사랑이라면 갖자마자 시들고 말 꽃을 추구하기 보다 애태움으로 가슴 사위더라도 시들지 않는 꽃 한송이 가슴 속에 묻어

두고 아프지만 감미로운 그리움으로 남게 하는 것이 나으련가.

눈물겹도록 아름다운 사랑을 그린 영화나 소설들을 보면 한결같이 깨져버린 비극적 사랑이거나 영영 이루어질 가망이 없는 사랑일 뿐이다.

이성 간의 낭만적 사랑은 사실 반 쪽의 빈 공간을 채워서 전체가 되고자 하는 근본적 욕망에서 비롯되는 것인데 채워도 채워도 전체로 완성되지 않으니까 실망하고 원망하고 좌절하고 부서지고 그리곤 또 다른 이상을 찾아 떠나고, 부질없는 헛손질을 계속 하는 것인지 모른다.

인간은 인간을 채워줄 수 없으므로 채워지리라는 환상으로 시작한 사랑은 종내는 환멸로 귀결될 수 밖에 없는 것, 사랑의 환상은 결코 만족을 모른다니까….

이상적 대상을 찾았다 해도 그는 언제나 대체물일 뿐이다.

대체물은 진짜가 와야 자리물림을 할 수 있다.

진짜는 무엇일까?

변하지 않는 것, 영원한 것, 무한하고 무조건적인 사랑, 그런 것을 인간 대상에게 찾는다는 것이 가능하겠는가. 그러나 그 완전함을 향해서 끊임없이 손뻗치는 갈망이 있기에 세상은 사랑하는 짝들로 가득하고 그래서 세상은 아름다운 것인지도 모른다.

그 사랑에 비록 두려움과 미움의 싹이 내재해 있을지라도….

소확행

소소하고 소박한 것에서 확실한 행복을 누린다는 말을 줄여 쓰며 소확행을 추구하는 사람들이 늘어가고 있단다.

크고 원대한 포부를 갖고 성공을 꿈꾸며 앞만 보고 매진하다가 소소한 행복을 놓치며 사는 삶에 대한 반성이리라.

소소한 것에서 확실한 행복을 찾으려 한다면 정말 아무것도 아닌 일상 속에서도 행복할 일들은 너무도 많다.

그저 지나가는 짧은 시간 속에서 혼자 있는 것만으로도 여백의 자족감을 느낄 수가 있다.

한 잔의 따뜻한 커피가 마음 깊은 곳까지 행복으로 채워줄 수도 있다.

창가에 앉은 따스한 한 줌 햇살을 기뻐할 수도 있고, 문득 불어오는 시원한 바람 한 줄기도 행복을 날라다 주기에 충분할 때가 있다.

물 끓어오르는 주전자의 수증기도 행복을 선사해주고

산책길의 여유, 길가의 자그마한 들꽃의 미소도 행복을 전해주기에 충분하다.

따끈한 목욕, 목욕 후의 시원한 쥬스 한 잔, 반가운 손 편지 한 통.

위로의 카톡 이모티콘, 모두가 행복할 거리들이다.

우울할 때 무릎위로 살며시 다가와 눈을 맞추어주는 강아지 또는 고양이의 존재가 참 큰 인생의 행복이라는 사람도 많다.

미세 먼지가 외출을 어렵게 하는 날이 많아지자 맑은 날 현관에 나서서 바라보는 푸른 하늘과 맑은 공기에도 가슴 가득 행복이 차오른다.

미세먼지 때문에 나가지 못해도 집에 머물며 기도하는 시간, 침묵하는 시간도 행복에 젖어있기에 족하다.

적은 월급을 주는 직장에 다니면서 손톱 손질에 몇만원의 돈을 아끼지 않는 일을 이해 못하겠다고 여긴 적이 있었다.

그러나 못마땅한 마음을 품은 채 손질된 손톱을 슬쩍 슬쩍 보면서 '참 예쁘긴 하다' 이런 생각이 들자 아, 저것은 저 사람의 소확행이겠다 싶어 마음을 돌이킨 적도 있다.

자전거로 올레길을 돌며 행복하다는 사람, 동네에 싼

음식을 파는 맛집이 많아 행복하다는 사람, 남편이 식물인간으로 몇 년째 입원중이라 병원 살이에 지칠 만도 한데 어느 날 아침엔 그 환자 남편이 자기랑 눈을 맞추었다고 기뻐하던 지인의 행복감은 압권이었다.

연애도, 결혼도, 출산도, 집장만도, 정규직도, 꿈도 먼 신기루만 같아 5포 시대니, 6포 시대니 하면서 기운 없이 자괴감에 빠지기 쉬운 요즘 젊은이들이 탈출구처럼 소확행을 추구한다지만 사실 그렇지 않은가?

연애도 결혼도 출산도 집장만도 정규직의 꿈도 다 이루었다 할지라도 작은 일상의 무엇에도 행복감을 누리지 못한다면 성취가 다 무슨 의미가 있겠는가 말이다.

별을 향한 동경

저녁 어스름이 내리는 즈음이 참 좋다.

산자락에서부터 밀려오는 어스름 속에서 나뭇가지 태우는 연기가 피어오르면서 땅거미 지도록 놀던 아이들을 부르던 어머니들의 따뜻한 외침 소리가 생각나 저녁 어둑한 무렵을 오히려 환하게 기억하는가.

머리를 깍고 산속으로 수행을 떠났던 지인의 말이 땅거미 질 무렵, 산사 아랫마을에 불빛이 켜지기 시작하면 떠났던 사바에의 그리움이 가장 사무쳐 온다고 하던가.

불 밝혀 기다리고 있는 그 혈연끼리의 정겨움이 그리워서였을 것이다.

저녁 어스름 녘, 먼 여행길에서 집으로 돌아올 때, 아파트의 불빛들을 향해 가는 차량들의 행렬을 보면 연민 같은 우수가 가슴을 아릿하게 한다.

불빛을 그리워하는 사람들의 눈물겨운 사모가 내 마음과 같아서다.

내밀한 깊은 속 어딘가 우리도 빛을 담고 있기에 빛으로 가고자 하는 그 항일성이 한결같으리라.

검푸른 하늘에 상큼하게 떠있는 하현달을 하염없이 바라본 적이 있다. 어둠에 그 한 켠을 조금씩 먹히면서 어둡고 위험한 바다를 헤쳐 나갈 조각배처럼 가볍게 하늘 바다에 떠 있는 연약함이 가련해 보이기도 했다.

답답한 마음으로 하늘을 우러르는 자들을 우수에 젖게 하는 하현달.

젖은 어깨를 기대며 조금씩 다가오던 어둠이 점점 온몸을 기대며 빛을 가리워서 나날이 작아지는 그 빛을 지켜보는 눈길엔 연민이 서릴 수 밖에 없다.

그 하현달이 그믐으로 기울어 온 채로 어둠일 때 사실은 그 어둠 안에 온 채로 빛이 들어 있음을 누가 알랴.

그 가녀린 목숨의 안쪽을 베어 물고 선 어둠의 이빨이 차라리 사랑인 줄 누가 알랴,

빛과 어둠이 서로 자리를 물리며 날마다 커 가는 빛, 또는 날마다 작아져 가는 빛을 보며 나는 반대켠 어둠의 어깨를 보았다.

아, 그리고 그 어둠 속에 얼핏 비치는 어머니의 얼굴을 보았다.

언제나 어둠 속에 처하면서 빛으로 드러나야 할 자식을

밀어주는 어머니. 어느 날, 눈썹 같은 하현달이 어머니 눈웃음임을 보았다.

살아가는 건 어쩌면 갈증을 품고, 그 갈증을 풀고 염원 하나를 품고 또 그 염원 하나씩을 풀어 나가는 일과 같다. 그러나 하나를 풀면 또 하나의 동경이 더 간절한 별이 되어 머리 위를 비춘다.

지상에선 늘 이러한 일들이 수없이 반복된다.

목을 빼고 먼 하늘 별만을 바라보는 것이 아니고 어느 날은 별이 되어 지상을 굽어볼 수 있었으면 한다.

하늘을 우러러 염원을 올리는 마음들에게 우리의 가슴엔 이미 별과 같은 영혼이 빛나고 있다고 얘기하고 싶다.

지상의 삶은 흙으로만 돌아가는 것은 아니라고, 지상의 삶은 하늘의 열매로 화할 수 있다고, 아프고 슬픈 일 없이 빛날 수 있다고, 그리고 지상에서 빛을 보이고 산 만큼 하늘에서 그만큼의 큰 빛의 별이 될 수 있다는 희망을 별들이 내게 들려준다.

땅을 딛고 살아가지만 눈으로 하늘을 우러러 볼 수 있음이 얼마나 큰 축복이냐고 별은 조곤조곤 속삭여 주는 듯 하다.

지금은 두 발을 땅에서 뗄 수 없는 한계에 갇혀 있지만 앙앙불락하는 우리를 타이르듯 반짝이는 눈으로 내려다보고 있는 저 하늘의 별들이 있기에 우리들도 어느 날엔가는 저 무한 공간에서 환한 빛을 내는 광원이 될 수도 있음을 소망할 수 있으리.

깨어 있기

무엇이든 맛없는 것이 없다고 하며 모든 음식을 맛있게 먹는 C라는 친구가 있다.

반면에 무엇이든 맛이 없어 항상 입맛이 없고 맛있는 것을 찾아다니지만 사람들의 입소문만 못하다며 늘 실망한다는 D라는 친구가 있다.

C를 자세히 관찰해보니 음식을 먹는 모습부터가 남달랐다.

그녀는 음식을 집어서 먼저 모양과 색깔을 살피는 듯 자세히 한번 쳐다보고 입에 넣고는 참으로 오래 씹었다.

같이 먹는 사람들과 잡담도 나누지 않고 음식을 음미하듯 천천히 씹고 중간 중간에 물도 마시지 않았다.

그리고 그녀는 말한다.

무엇이든 오래 씹으면 침이 고여 입안에서 맛있게 반죽이 되고 그것을 즐기는 것이 정말 음식을 맛있게 먹는 비결이란다.

즉 그녀는 음식을 먹는 순간 순간 그녀가 지금 무엇을 먹고 있다는 그 행위의 중심에 깨어있는 것이었다.

그런가하면 D는 밥을 먹으면서 신문을 보거나 텔레비전을 보기 일쑤였다.

아니면 밥을 먹으며 정치 이야기를 하거나 다른 사람 이야기를 하면서 열을 올린다.

밥 먹는 것은 부차적인 일처럼 보여진다.

나도 C를 닮으려고 노력해본다.

음식을 먹을 때는 음식에 집중하고 천천히 음미하며 먹자고 다짐해본다.

바쁠 때는 잊어버리고 또 서둘러 해야 할 다음 일을 생각하느라고 음식을 속에 마구 채워 넣기 바쁘다.

한 번 사는 인생에 다시 돌아올 수 없는 과정 과정을 즐기지 못하는 채 그저 바빠 땜질하듯 하고 어디를 목표로 그렇게 가는걸까 자문해본다.

어느 날, 집 뒤의 공원에 산책을 나갔었다.

공원 가장자리로 타원의 트랙이 있었는데 많은 사람들이 그 트랙을 따라 시합 나온 사람들 마냥 누구한테 뒤질세라 열심히들 앞만 보고 걷고 있었다.

나도 그 대열에 끼어 아무 생각 없이 걷고 있는데 옆에 가던 너댓살 가량의 조그만 여자아이가 종종 걸음을 치며 앞선 사람에게 소리를 질렀다.

"할아버지! 빨랑빨랑 가지 말고 나랑 같이 가유~"

쪼끄만 아이가 사투리로 소리치는게 우스워 고개를 돌려 그 아이를 쳐다보았다.

아이는 앞서가던 제 할아버지를 향해 뛰듯이 다가가 "할아버지, 근데 그렇게 빨리 어디 가는거야?"라고 고개를 잔뜩 치켜올려 할아버지를 보며 소리친다.

아이 할아버지는 "그냥 걷는거야"하고 간단히 답하며 부지런히 발걸음을 옮기기 바빴다.

"걸어서 어디 가냐구유?"

아이의 사투리가 우스워 아무 생각 없이 웃다가 나는 뭐에 한방 맞은 듯이 머리에 불이 확 들어옴을 느꼈다.

"어딜 가지?" 이런 물음표가 갑자기 꽂혀 들어온 것이다.

타원형 트랙을 맴돌며 운동을 하는거지 그 누구도 어딜 간다는 생각은 하지 않을 터이다.

문득 나는 이렇게 빠른 걸음으로 무엇을 목표로 가고 있는 것인가?하는 질문을 스스로에게 하고 있었다.

그것이 먹는 일이든, 직업상 하는 일이든, 건강을 위해 운동을 하는 것이든 대부분 습관적이고 무의식적인 상태에서 행하며 무의식 속에 자동인형처럼 가고 있는 삶이 아닌가 하는 생각이 들었다.

지금 이 순간, 나는 무엇을 하고 있는가? 그저 빨리빨리 프로그램된 대로 걸어가고만 있는무의식의 상태를 그 어린 아이가 내게 일깨워준 것이다.

먹을 때에는 먹는 일에 집중하고 아이와 이야기할 때는 아이에게 집중하고 운동을 할 때는 몸 상태에 집중하고 한 번에 한 가지씩 의식적으로 행하면서 살아야겠다는 다짐을 해본다.

그러나 어느 순간, 정신차려보면 또 수많은 시간들을 습관적 무의식 상태에서 보내버렸구나 싶은 자책이 든다.

항상 깨어있는 상태로 살아있으면 일도 쉽게 풀리는데 안 풀리는 일 앞에서 전전긍긍하다보면 사실 또 몽유병자처럼 인식을 잠재우고 습관적으로 움직였구나 하는 반성을 하게 된다.

어디선가 누군가가 의식의 졸음 상태를 깨우는 알람을 울려주었으면 좋겠다.

자연의 착한 흐름으로

느리게 흐르는 작은 시냇물 위로 햇빛이 내리비쳐 반짝거린다.

물살이 간지럽다는듯 키들거린다.

햇살도 물 위에서 춤을 추며 함께 즐거워 죽겠단다.

저리 서로 어울려 놀며, 사랑하며 어느 땅으론가 흘러흘러가 생명의 잎을 피우고 꽃을 피우리라.

햇빛이 녹아든 그 물을 한껏 들이 마시면 온 몸의 진득한 혈액이 말갛게 헹구어지려나.

물이 배경이 되는 꿈을 자주 꾼다.

작은 시냇물이 보이기도 하고 때로는 깊고 푸른 강물이 나타나기도 한다.

어느 때는 바라만 보고, 어느 때는 수영도 한다.

발이 닿지도 않는 깊고 푸른 물에서 유유히 헤엄치고 나오는 꿈을 꾼 후엔 무언지 좋은 일이 생길 것 같은 느낌이 든다.

내 속에 정화에 대한 소망이 잠재해 있는가 생각해본다.

얼마 전에 건강 검진을 받았다.

혈중 나쁜 콜레스테롤 수치도 높고 혈액의 중성 지방 수치가 너무 높단다.

중성지방 수치라는 말에는 둔감하다가 피에 지방이 많이 끼었다는 쉬운 설명을 듣고 그제서야 화들짝 놀랐다.

"기름진 것을 별로 좋아하지 않아서 잘 먹지도 않았는데요" 하고

검사한 사람 잘못이라는 듯 나타난 수치를 노려보며 볼멘 소리로 중얼거렸다.

"스트레스가 쌓여도 높아질 수 있고 폐경기가 지나면 여자들은 높아지는게 보통이예요."

아, 네에, 폐경기 소리에 그냥 입을 다문다.

늙어가는 증상 중에 하나란 말이지.

그래 이제 더 이상 생명을 키워낼 수 없는 몸에 세월의 찌꺼기만 쌓여간다는 거다.

어쨌든 반세기 훌쩍 넘게 내 몸 속을 돌고 돌며 노고를 감당해온 핏줄기에 갑자기 미안한 마음이 든다.

고단함도 쌓일만한 세월이지.

내 몸 속에 갇혀 한 순간도 쉼이 없었을 혈액의 흐름을

한 번도 의식해 본 적이 없었음을 깨우친다.

"지방 수치가 이렇게 높으면 지방간이 될 수도 있고 동맥경화가 와서 심장 마비, 뇌졸중으로 쓰러질 수도 있어요"

남의 일 같기만 하던 소리들이 왕왕 크게 들려온다.

어느 날 갑자기 죽음이 임할 수 있다는 것을 스스로 다시 주입시킨다.

모든 생명 있는 것들은 죽음을 껴안고 살고 있는 것이라고 남에겐 그렇게 쉽게 말해왔으면서도 내 핏속에 언제 임할지 모를 죽음이 함께 흐르고 있다고 생각하니 낯설고 섬뜩하다.

왜 피가 나와 함께 살아 있음에 이렇게도 무심했을까?

주사바늘을 통해 뽑혀져 나와 유리관 속으로 들어가던 탁한 핏줄기가 눈 앞에 어른거린다.

맑은 물 줄기가 계곡 사이로 흘러내리고 논 밭으로 흘러 흘러서 푸른 생명들을 키워내는 것이 아니던가.

오염된 물은 생명을 마르게 하고 썩게 하고 죽음에 이르게 하는 것이고….

깜쪽같이 내게는 가벼운 신호 하나 보내지 않고 저 혼자 힘들어져 가고 있었던 혈관 속에 의식을 보내 본다.

그래, 이제라도 건강검진의 수치로 내게 신호를 보냈으니 나는 이 신호를 통해 불멸이 아닌 이 땅에서의 삶을 다시 성찰해야 하리라.

결심하고 챙겨 앉은 아침의 명상 속에서 내 몸 속의 흐름에 주의를 기울인다.

좁은 길을 힘겹게 흐르는 피의 수고에 기량껏 산소를 날라다 주고파서 호흡도 더 정성껏 해본다.

밖에서부터 들어오는 바람이 내 안의 골짜기마다 퍼져감을 느끼며 천지가 힘을 모아 나를 살리고 있음을 생각한다.

내 호흡의 리듬에 맞추어 창 밖 나뭇잎에 앉은 바람도 같이 장단을 맞추어 주는 듯하다.

새삼 한 그루 나무가 고맙고 한 자락 바람이 감사하고 한 줌 햇살이 더욱 소중하다.

몸을 위한 삶에 매진했으면서 정작 몸을 잊고 산 세월이 아이러니하게 나의 무감을 뒤흔든다.

조용히 호흡하며 명상의 깊은 속으로 들어가다 보면 속도와 소음으로 가득 찬 것 같던 공중 속에서 진즉부터 있어왔을 자비의 흐름을 발견한다.

우주와의 화해 같은 것일까?

몸 속의 흐름에 깊이 깊이 마음을 보내다 보니 몸 속에 내 영혼의 길들이 보인다.

이것 저것 수많은 것들을 먹어치운 지난 날의 모든 찌꺼기들이 피의 수로 밑으로 갈아 앉아서 길을 좁게 만든 것처럼 몸을 보양하느라 분주했던 생각의 찌꺼기들이 영혼의 수로도 갑갑하게 하고 있음을 비로소 챙겨본다.

"운동을 열심히 해서 살도 좀 빼세요"

귓가에 맴도는 주의 사항을 확인한다.

몸을 바라보며 몸의 움직임에 주의를 기울이는 만큼 그동안 지방덩이 같은 허망한 것들이 축적되었을 가슴 속에도 후우후우 호흡을 불어넣으며 환기를 시킨다.

정신의 흐름까지 나날이 내 육신의 땅을 황폐케 하는 물줄기가 되지 않도록 하기 위함이다.

몸의 운동만이 전부가 아니라는 생각을 한다.

어찌 몸에만 지방이 축적되었겠나.

마음의 혈관에 달라 붙어 있는 유해한 것들을 본다.

아직도 마음 속에서 우물쭈물하고 있는 쓸데 없는 욕망들, 씻어내 버리지 못한 상처들, 기억이라는 이름으로 웅크리고 있는 미명들 모두를 강바닥 준설하듯 퍼내버려야 한다고 작심한다.

떠내려 보내야 할 것들을 떠내려 보내고 이젠 단순하고 명쾌한 흐름이고 싶다.

"동물성 대신 야채와 과일을 많이 섭취하세요"

또 하나의 주의 사항이 밥상 앞에 어른거린다.

여전히 삼겹살도 먹고 싶고 닭튀김도 먹고 싶지만 참아야지. 어쩌다가는 눈길을 마주칠 수도 있는, 그래서 그 눈빛에서 함께 이 땅을 살아가는 존재로서 목숨에의 연민을 느낄 수도 있는 것들을 입에 넣는 대신 되도록 햇빛을 먹듯, 흙을 먹듯 채소와 과일을 많이 먹어야겠다고 다짐한다.

그것만이 아니지.

핏 속을 함께 달리는 욕망에도 이제 그만 현혹되어야지.

더 가볍고 더 신선한 먹을 거리에 눈을 돌리듯 좀 더 욕심의 무게는 가볍게 하고….

다슬기를 잡고, 나물을 캐고, 별을 헤던 정다운 고향집들이 개발되고 도시화되면서 삶은 자연의 착한 흐름을 잊어버려갔다.

치닫다가 우왕좌왕하고 질주하다가 넘어지고 급하게만 허덕거리고 온 삶의 내리막길에서 오래 잊었던 그 흐름들을 기억해낸다.

이제는 그 흐름으로 돌아가 우주의 순한 숨결을 호흡하고 싶다.

어딘가에 가 닿을 곳이 있다면 물결에 몸을 맡기고 흐르듯 그렇게 맡겨져서 따스한 고향을 찾아가듯 그렇게 가고 싶다.

물결도, 바람도 거스르지 않고 같은 편이 되어 함께 놀며 함께 어우러지며 그렇게 가고 싶다.

주위의 수목도 바라보며 하늘에도 시선을 보내며 느린 여정의 길을 즐기고 싶다.

내 안의 혈류도 나날의 알약 대신 마음의 평안과 기쁨을 받아 먹고 맑게 정화되어 흘러 가주기를 소망하며….

내 안의 이방인

어떤 때는 남이 평가하는 나에 대한 이야기를 듣고 아주 낯설어지는 때가 있다.

"내가 과연 그런 사람인가?" 하고 스스로 묻게 된다.

타인에게 보여지는 자아와 스스로 생각하는 자아가 틀리기 때문일 것이다.

실제의 나보다 내가 더 좋게 보여지고 있음에도 그것이 흐뭇함만을 주지는 않는다.

내가 무엇인가 가면을 쓰고 살고 있지는 않는지 돌아보게 된다.

의식적이든 무의식적이든 남의 시선을 생각하며 살아야하는 세상 속에서 우리는 우리의 참모습을 편안하게 드러내지 못하는 경우가 많아서다.

그것이 꼭 위선적이라기보다는 그래야 사회생활의 질서가 잡혀지기에 그럴 수밖에 없는 경우도 많다.

남이 말하는 내가 내게 낯설게는 느껴지지 않아야 할텐

데, 그러자면 나는 좀 더 솔직하게 살아야 되지 않는가 하는 반성도 해본다.

정신 분석은 타자와 자신의 낯섬 속으로의 여행이라고 정신분석학자들은 말한다.

그들이 주장하는 것은 타자는 자기의 무의식이라는 것이다.

즉 각자의 무의식 속에는 타인과 같이 느껴지는 낯선 어떤 것이 억압되어 있다는 것이다.

그것이 억압되어 있기 때문에 자신도 알아채지 못하고 살고 있지만 어떤 특정 조건 하에서 그 억압이 풀렸을 때 그 낯선 자아가 표면에 부상해 오른다는 것이다.

그 특정 조건 중의 하나가 술에 취한 상태일 수 있을 것이다.

언젠가 존경하는 어느 교수님의 정년 퇴임 파티에 갔을 때였다.

내가 앉은 테이블에 합석한 사람 중에는 평소에 너무 얌전하고 점잖아서 말도 잘못 붙여 보던 선배가 한 분 있었다.

그는 그날 저녁 따라 전작이 있었던지 불그레한 얼굴을 하고 처음부터 내게 스스럼없이 말을 걸어와서 나를 다소

당황스럽게 했다.

파티가 진행되면서 계속 그는 술을 많이 마셨고 급기야는 소리를 지르며 난동 비슷한 것을 피우기 시작했다.

평소의 그의 모습과는 너무 다른 모습이어서 주위 사람들도 당황해하는 것 같았고 나 역시 몹시 놀랐다.

어쩌면 저렇게 다른 또 하나의 자기를 내보일 수 있는 것인가 당혹스러웠다.

그 때문에 존경하는 교수님의 아름다워야 할 정년퇴임 파티는 조금 손상을 입을 수 밖에 없었다.

주위 분들은 그가 술에서 깨어나고 자신이 한 행동을 전해들으면 얼마나 오랫동안 괴로워할지를 얘기하며 염려하기도 했다.

자신도 존경하는 선배 교수님의 일생을 마감하는 중요한 날의 파티를 본인이 망쳐놓았다는 얘기를 누구를 통해 듣는다면 평소 성격으로 보아 오래오래 괴로워할 것은 뻔했다.

그 이후, 나도 가끔은 내 안에 억압된, 내게도 낯선 어떤 모습이 숨어있는지 생각해본다.

그것이 드러나기 전에는 나도 잘 모를 수 있겠지만 나는 타인의 낯선 모습이 나를 당혹스럽게 할 때, 내게도 저런 모습이 속에 있을지 모른다는 생각을 하게 된다.

그것은 어떤 의미에서 좋은 정신 훈련 과정이 되기도 한다.

남을 향해, 최소한 "도저히 이해할 수 없다"라는 말은 안하게 된다.

나도 그와 같은 상황과 환경에서는 저런 모습을 보일 수 있다는 생각을 해서다.

'모든 이방의 낯섬은 우리 안에 있다'는 것이 정신 분석학의 전제란다.

나는 내 안의 낯선 것을 찾아내고 싶다.

내 안의 낯선 것도 알지 못하고 어떻게 남을 이해하랴 싶어서다.

나뉘어져 있는 나 자신의 통합이 없고야 위선자로 살 수 밖에 없고 가면을 쓰고 사는 듯한 마음에서도 자유로울 수 없지 싶다.

내게 불쾌하게 하는 타인의 불친절함 속에서도 내 모습을 보려하는 때가 있다.

그런 태도가 수많은 종류의 마음을 가진 타인들을 이해하며 살 수 있는 비결이고 사연 많은 세상살이에서 불쾌지수를 줄이며 살 수 있는 길이 아닐까 해서다.

삶의 어깨 너머

어느 순간엔가는 내가 삶의 한 중심에서 훌쩍 벗어나 그 어깨 너머에서 삶을 바라보고 싶은 때가 있다.

아주 높은 산 등성이 위에서 신의 눈을 닮은 시각으로 제 발걸음대로 흘러가고 있는 삶의 모습을 객관적으로 살펴볼 수 있었으면 하는 생각을 해본다.

그런 생각을 종종 하다보니까 나름대로는 고즈넉한 시간이 있으면 냉철하고 객관적인 눈을 떠서 삶을 관찰하려고 애써보기도 한다.

"자, 너는 무엇 때문에 그렇게 허덕이며 옆도 돌아보지 않고 달려가는 거니?" 하고 자신의 어깨를 붙들고 물어보고 싶다.

돌이켜보면 삶의 과정 과정에 의미가 있었다거나 보람이 있었다고 할 수 있는 시간들이 그리 많지는 않았던 것 같다.

기본적인 욕구를 채우며 눈 앞에 닥친 일을 해결하며 무엇엔가 떠밀리듯 종종 걸음친 일들만 많았던 것같다.

삶의 중심에서 떠나본다는 것은 어쩌면 자아의 집착에서 벗어나 보는 일인지도 모른다.

만물을 자기 중심으로 보던 시각에서 벗어나고 자아중심적인 욕심스러운 생각에서 탈피해보는 것을 의미하기도 할 것이다.

그런 상태에서 삶을 관찰하고 있으면 나를 포함한 인간세상의 모든 삶들이 연민스럽기 짝이 없어 보인다.

모두가 저마다의 짐을 이고 들고 끙끙거리며 가고 있는 고달픈 인생들로만 보인다.

알지 못할 불안에 쫓기는 초조한 눈빛들이 보이고, 성취되지 않는 갈망에 목말라하는, 바짝 마른 입술이 보이고, 광기어린 속도 전쟁에 휘말려 목적도 없이 빠르게 움직이는 발들이 보이고, 허공을 휘젓는 간절한 손짓이 보이기도 한다.

행복의 신기루는 막연히 눈앞에 있는 것 같은데 어느 것이 행복의 실체인지 분간할 수가 없다.

어깨 너머로 보이는 삶의 양상들은 대체로 고달프기만 한 역정으로 보인다.

그리고 가장 안타까운 것은 모두가 그렇게 행복을 염원하며 열심히 걷고 있는데 골인점엔 한결같이 죽음이 기다린다는 것이다.

눈을 감아버리고 싶은 한 지점이면서 그러나 가장 확실하게 보이는 것은 그것 뿐이다.

아, 그래서 어깨 너머로 삶을 바라보고 있으면 "신은 너무 심술궂지 않습니까?"고 항의하던 어떤 이의 노기띤 얼굴이 떠오른다.

진정 신이 있다면, 그리고 그 신이 사랑의 신이라면 삶이 결코 이것 뿐일 수는 없어야 된다는 생각을 하지 않을 수 없다.

어깨 너머로 삶을 바라보면서 다시 그 삶의 대열 속으로 건강한 마음으로 복귀하기 위해서는 분명히 그것 뿐만이 아닌 다른 소망이 있지 않고는 불가능하다.

걷고 있는 길의 목표 지점에 죽음만이 있고 세상에서의 모든 성취는 죽음 후의 세계로 가져갈 수 없는 것들이고, 거친 들에는 잡을 수 없는 신기루만 있다는 것을 다 보고 알면서도 그저 걸어가야 하는 것이 인생이지만, 그 인생이 투쟁과 고난, 그리고 죽음 뿐만은 아니라는, 그 무엇이 찾아져야 할 것이다.

엽서 한 장

잉크가 점점이 꽃잎처럼 피어나 편지꽂이에 배달되어 온, 그의 가슴 온 채의 향기처럼 엽서라는 말은 참으로 따뜻하다.

긴급한 용무나 상업적 서신이 아닌, 그저 살아있음을 확인하는 나뭇잎 같은 마음 한 쪽, 그것으로 엽서라는 말은 내 기억 속에 그리움으로 남아 있다.

어느 여행지 한 모퉁이에서 문득 내 이름 석자를 잊지 않고 생각해준 이의 그 마음이 나비처럼 살포시 내게 와 앉는 그 삽상한 무게.

오래 작정해둔 사연이 아니라, 문득 보고 싶어한 그 불현듯한 그리움이 오래 묵혀둔 묵향처럼 폐부 속까지 그윽히 와 닿는다.

"시골 우체국을 지나다 문득 니가 생각났어."

이렇게 받은 속마음이 오래오래 가슴에 남는다.

그것은 체온으로 쓴 진심 같다.

그것이 뭉클 가슴에 와 닿을 때, 세상은 따스함으로 차오른다.

세상 귀퉁이에 내가 살아 있음을 기억해주는 낯선 모퉁이의 손길을 만진 듯 고맙다.

관심 결핍증으로 늘 시려워하는 한 부분을 따뜻함으로 와 채워주는 엽서 한 장, 손바닥만한 것이지만 작은 것이 아니다.

온통 비어버린 듯한 가슴조차 가득 채울 수 있는 위안이며 어둠 속에서 날 눈부시게 했던 여름밤의 수국처럼 마음 가득 번져오는 사랑의 입김이다.

전자메일, 이동통신, 문자메시지들의 홍수 속에서 잃어져 가는 진실한 온기가 새삼 그립다.

"여기 겨울은 춥고 어둡고 길답니다."라고 이국의 겨울 한복판에서 띄워준 엽신에도 화롯불 같은 안온함이 담겨 온다.

봄에는 봄바람 실어서, 여름에는 물소리 담아서 가을에는 단풍든 갈잎 붙여서 보내고 보내주던 그 엽서들은 이젠 추억 속에서나 그려봐야 할까나.

내밀한 눈과 귀

11세기의 수도승 성 프란체스코는 새들의 지저귀는 소리에서 하나님의 음성을 듣고 회심했다고 한다.

육신의 귀로는 그저 평범하게 지저귀는 소리 속에서 그는 내면의 귀로 하나님의 가르침을 들었던 것이다.

시냇물 흐르는 소리에서도 내게만 속삭여주는 음성을 들을 수 있고 바람 소리 속에서도 노래를 들을 수가 있음은 우리 모두에게 내면의 귀가 있기 때문일 터이다.

그 내면의 귀를 기울여보면 천지간의 모든 소리들이 내게 의미를 던져주는 음성이 되고 노래가 된다.

보이는 것 또한 그렇다.

육안의 눈으로 보이는 그 어떤 것도 내면의 눈으로 보면 달리 볼 수 있다.

가장 더럽다는 분변조차 내 아기의 것은 예쁘게 보이지 않던가.

내 안에서 사랑을 곁들인 눈으로 볼 때 육안에 들어오는 모든 것이 아름답게 보일 수 있음을 경험으로 알게 된다.

가문 땅에 비가 내리면 땅이 키들거리며 박수치는 소리를 들을 수 있고 기분 좋은 날엔 내안의 핏줄조차 기뻐 쫑알거리는 소리를 들을 수도 있다.

한 송이 장미를 보며 가시를 더 크게 볼수도 있고 겹겹이 둘러선 꽃 이파리들의 정교한 섬세함을 보고 감탄할 수도 있다.

미켈란제로는 평범해 보이는 돌덩이 속에 이미 자리 잡고 있는 성모상을 보고 겉의 돌덩이들을 깍아내어 그 안에 있던 성모님을 드러내어 걸작 피에타상을 탄생시켰다지 않는가?

그러나 보이지 않는 것을 볼 수 있는 눈, 들리지 않는 것을 들을 수 있는 귀가 특정인에게만 있는 것은 아닐 터이다.

우리 모두가 그것이 있음을 의식하지 않고 오감에만 의지하여 살기 때문에 있는지 조차 모르고 사는 것일테니 이것이 얼마나 아까운 일인지 모른다.

나는 선천적으로 시력도 약하고 십대 때 귓병으로 한

쪽 청력도 잃어 듣는 것도 약하다.

초등학교 시절부터 안경을 써서 눈이 네 개라는 뜻으로 목사라는 별명으로 불리는게 싫었었다.

그리고 요즘은 스마트폰 벨소리를 잘 못 들어 전화를 제때 못 받아 지인들로부터 불평을 듣는 일도 많다.

후각조차 그리 예민하지 못해 음식을 불에 올려놓고 태우는 일도 심심찮게 있다.

셰익스피어는 '리어왕' 이라는 작품에서 코가 눈보다 앞에 나와 있는 것은 눈으로 보기 전에 냄새로 낌새를 알아차리라는 뜻이라는 우스개 같은 명언을 리어왕을 통해 하고 있다.

리어왕의 비운은 그가 육신의 귀로 딸들의 말을 듣고 딸들의 효심을 저울질한데서 기인한다.

그는 냄새로도 알 수 있었을 것을 눈치 채지 못하고 위의 두 딸들의 거짓말에 속고 막내딸의 효심은 알아보지 못해서 어리석은 판단을 했던 자신을 조롱하고 한탄하지만 결국 육신의 귀와 눈으로 했던 결정들이 오판의 결과였던 만큼 그로 인한 비극을 리어왕은 피할 길이 없었다.

나는 오감의 둔함에 대한 열등감도 있지만 어느 순간 그것을 감사하게 되었다.

시력, 청력, 후각, 미각 모두가 시원찮지만 잠든 의식을 일깨울 수 있었기 때문이다.

눈으로는 보이지 않는 아름다움을 찾아서 기웃거리다 보면 하찮은 들풀도 귀해 보이고, 귀로 잘 안 들리는 소리에 마음을 기울이다 보면 내면의 소리에 귀가 트이게도 된다.

코로 잘 맡아지지 않는 건 에너지로 느끼려 노력하고, 그래서 둔하던 육감이 다른 쪽의 도움을 받는 것 같기도 한다.

쉬임 없이 변화하며 우리의 내면의 눈과 귀를 일깨우려는 자연의 움직임에 민감해질 필요가 있다.

그 움직임이 전하려는 메시지는 결국 사랑이고 생명이다.

자연이 전해주는 모든 풍경은 육안의 눈으로, 육안의 귀만으로 즐기는 데서 그치는 것은 아니다.

소리 안의 또 하나의 소리, 풍경 안의 또 하나의 풍경을 보고 들으면 내면 깊숙이서 솟아오르는 기쁨을 누리게 해준다.

모든 것이 신호등이었다 

어린 시절 살던 곳은 20여 가구가 옹기종기 모여 있는 둑방 밑의 자그마한 동네였다.

둑 너머에는 꽤 큰 시내가 흐르고 있었다.

둑방 위로 올라서 보면 어린 나이의 눈으로 세계는 사방으로 끝이 없는 길처럼 보였다.

둑길은 뽀오얀 선으로 이어져 끝없어 보였고 강물같은 시냇물은 어디가 처음인지 어디가 끝인지 모를 시간처럼 그렇게 무한 시간을 두고 흘러가고 있었다.

위로 시선을 돌리면 무궁히 펼쳐진 푸른 하늘, 어디로인지 계속 흘러가고만 있는 구름의 행렬이 끝없어보였다.

여름밤이면 둑 위에 멍석을 펴놓고 밤하늘을 올려다 보는 것이 참 좋았었다.

찬란한 유성들이 자욱히 강을 이루고 있던 그 무한 천공은 늘 가슴을 먹먹하게 했었다.

무한함이라는 단어의 추상적 의미가 가슴 벅차서

눈물이 나기도 했다.

끝이 안 보이는 둑길과 시냇물, 끝없이 펼쳐진 푸른 하늘과, 무한한 창공에 점이 되어 사라져가던 기러기떼, 밤하늘의 별들과 은하수…,

그 끝 모를 우주의 광대함에 마음을 뺏기며 초등학교 시절과 청소년 시절을 보냈던 기억들을 돌이켜보면 그런 환경 속에서 겪었던 갖가지 외부적 삶의 경험들은 차라리 부수적인 것들로만 여겨진다.

삶의 배경에 불과했던 시냇물과 밤하늘의 별들만이 또렷이 추억 속에 주인공인 것마냥 떠오른다.

인생의 황혼기에 되어서야 어느 날 문득, 이런 생각들이 등불처럼 머릿 속에 밝혀져왔다.

마음을 빼앗기며 눈길을 보냈던 그 모든 것들이 신호등이었다는 자각 말이다.

세상 저 밖에 있는 것처럼 보이던 그것들이 내 의식을 이끌었던 신호등이었다는 깨달음, 그 깨달음이 내 가슴을 쳤을 때, 나는 비로소 왜 지난 날들의 사건들은 추억 속에 남지 않고 시냇물, 은하수 같은 것들만이 가슴을 채워오는지를 알게 되었다.

그 신호등을 따라 영원을 꿈꾸어오면서 그것들이 신호

등인지 몰라 방황하고 좌충우돌했던 인생길을 되짚어보게 된다.

신호등이 내 길이라고 가리켜준 것은 언제나 영원한 것, 변하지 않는, 그런 것들이었다.

마음눈으로 보고 그 영원한 것들을 사랑하라고, 그 보이는 세계 너머의 보이지 않는 길을 따라가라고, 파란 불을 켜면서 방향지시를 했음을 뒤늦게야 깨달은 것이다.

진줏빛 노을 속에서 '저것은 보석보다 더 아름답다' 고 감탄하고 섰을 때도 나는 훗날 성공하여 저런 보석을 살 수 있기를 바랬었다.

언제까지고 즐길 수 있는 그 하늘을, 그 고운 빛들을 누릴 수 있음이 성공인 줄은 까맣게 몰랐었다.

눈에 보이지 않는 것, 무한한 것들의 가치를 사랑할 수 있음이 진정한 성공인 줄을 그때야 어찌 알았겠는가.

그러고 보니 신호등은 다른 모든 것에도 구석구석을 밝히고 있었음을 깨닫게 된다.

육안의 눈으로 보여진 것들, 몸으로 겪게 되었던 경험들, 그것들은 그것들대로 독립된 어떤 것들이 아니었다.

그것들은 내가 갈 방향을 암시해주며 점멸하던 신호들이었다.

좌회전을 할지, 우회전을 할지, 아니면 직진을 할지 결정하기 어려울 때 신호등을 제대로 볼 수 있었다면 쓸데없이 헤매며 고생하지 않았을 수 있었을터다.

그러나 그 누가 미리부터 그것들을 알아차릴 수가 있겠는가.

내 앞에서 떨어지고 있던 가랑잎 하나가, 또는 내 뺨을 후리던 바람의 칼날이, 또는 어디선가 들려오던 노래 한 소절이 내가 결정해야 할 방향을 알려주는 신호였던 것이다.

이제라도 나는 신호를 알아차려 보려고 의식을 일깨운다.

내가 가는 길 어디에서고 신호등이 계속 점멸하며 나를 인도하고 있음을 보려한다.

우주는 사실 그렇게 친절한 안내원을 곳곳에 배치해두고 있음을 이제야 알고 감사하게 된다.

산책길

산책 길이 좋은 것은 밤낮 차를 타고 다니며 보지 못하는 초목들을 가까이 할 수 있음 때문이다.

사람들은 춥다 덥다 하면서 옷 챙겨 입는 데만 신경 쓰고 사는 사이 다가올 계절을 준비하면서 잎사귀에서 뿌리에 이르기까지 보이지 않는 그 속에서 부단히 생명의 순환을 위해 바기작거렸을 수목의 내밀한 움직임을 느껴볼 수 있어서 산책길의 즐거움은 더해진다.

봄에는 아기 손톱만한 새싹들이 나날이 조금씩 자라 오르는 것을 보며 즐겁고 어제까지도 감추고 있던 꽃잎을 펼쳐 조랑조랑 산책길을 수놓고 있는 야생화들이 귀엽고 여름이면 어제보다 조금 더 진해진 초록빛을 보며 덩달아 힘이 솟고 가을엔 한나절 햇살에 취한 듯 나날이 볼그레해지는 잎사귀와 같이 웃고 가지마다의 섬세한 핏줄로 잎과 꽃과 열매를 다 키워 보낸 후 이제 그 모든 것 비워내고 앙상한 가지로 시린 하늘을 버티고 있는 겨울 나목도 아름답다.

나뭇가지 끝 쪽에 동그마니 앉아 있는 까치집에도 눈길이 머문다.

아, 저 끝에도 생명의 가족들이 살고 있었구나, 같이 숨쉰 공기 속에서 그들도 나와 함께였음에 새삼 가슴이 따뜻해진다.

더러는 내천에서 황새도 보고 들오리도 보게 된다.

같은 곳에 살고 있는 그들에게 비로소 눈길 주고 마음길 열어본다.

지척에 있는 생명들의 변화에 둔감히 지내다가도 산책길에 나서면 사실 산다는 건 이렇게 주변의 생명력을 누리며 사는 것이어야 할텐데 하는 생각을 한다.

메마르고 복잡한 인간사와 상관없이 한 순간도 쉬임 없는 생명의 섭리를 운행해가는 보이지 않는 손길에 숙연한 마음도 든다.

아무도 눈치 못채게 조용히 성숙해가고 변화해가는 자연의 생명처럼 내 안에도 남모르게 키워져가고 있는 정신의 새순들이 무럭무럭 자라고 있는지 돌아본다.

나무의 깊은 뿌리로부터 작고 가느다란 가지 끝까지 자양분을 보내고 수분을 뽑아 올려주는 힘, 새를 먹이시듯 내 안의 날갯짓을 보살피는 힘, 그 힘에 감사하고 있는지 다시 한 번 하늘을 올려다 본다.

생명을 낳아주고 기르는 어머니 같은 그 힘, 나무의 생명을 지탱해주는 어머니가 하늘의 햇빛이고 땅의 뿌리이듯이 내 정신의 나무를 자라게 하는 생명의 햇살, 근원의 뿌리에 새삼 감사하게 되는 것이 산책길이다.

아, 감사할 일이 또 하나 있다.

생명의 기쁨을 공유하며 오순도순 대화할 수 있는 동행의 친구, 남편.

식탁에서 어울리지 않는 묵직한 주제들도 바람의 반주에 맞추어 쉽게 풀어준다.

내가 가닿지 못할 지성의 깊이로 나를 이끌며 나의 지평을 넓혀준다.

살아가며, 나이 들어 가며 한 곳을 바라보며 갈 수 있음에 감사하게 된다.

늘 먼곳에 시선을 두고 가보고 싶어하던 곳도 많았지만 그런 동행의 산책길에 나서면 진정한 행복과 만나기 위해 다른 어느 곳으로 갈 필요가 없음을 알게 된다.

경험하는 자의 마음대로

어린 시절엔 길가에서 깨어진 유리병 조각을 주워도 귀중한 보석인양 아까와 버리지 못했다.

그 사금파리 조각을 눈에 대보면 갈색으로, 또는 푸른색으로 변해보이는 세상이 신비로웠다.

한참씩 유리 조각을 눈에 대고는 순식간에 물들어 완전히 달라보이는 세상을 신기해하면서 이리저리 둘러보곤 했다.

지금은 멋진 썬글라스를 끼고 세상을 보아도 신비함을 느끼진 못한다.

현실 없이 살 수 없어 돗수 안경이 필요하고 착각 없이 살 수 없어 색안경이 필요한 것이라고 누군가는 말했지만 누구나 갖고 있는 내면의 색안경 때문에 사실들은 나름의 해석으로 왜곡되고 똑같은 사실을 경험하는 양상들도 제각각이다.

그래서 무엇을 자기만의 눈에 대고 보느냐에 따라 보이

는 현상은 아주 다르게 해석되고 경험된다는 것을 알게 된다.

창밖의 잿빛 하늘을 보고 우울한 날을 경험할 수도 있고 같은 하늘을 보며 차분하고 고요한 시간을 경험할 수도 있다.

공원에 사람들이 반려견을 데리고 나오면 짜증이 날 때가 있었다.

이젠 자식들이 다 출가하여 예쁜 손자 손녀들이 생기고 보니 조그만 아이들이나 강아지, 고양이들을 보면 귀엽고 예뻐서 그들을 바라보는 것만으로도 행복해진다.

촛불을 켜놓고 앉아서 덧없는 인생을 생각할 수도 있고 온 몸을 태워 제몸은 사라져도 세상에 빛을 던져주는 것의 고귀함에 대해 사유할 수도 있다.

어느 날인가는 서울의 지하철 안에서 남이 다 들을 수 있는 소리로 혼자 계속 중얼대는 실성한 여자를 본 적이 있었다.

멀쩡하게 생겼는데 어쩌다 저 지경이 되었을까 싶어 혀를 끌끌 차는 마음으로 바라보고 있었다.

듣지 않으려 해도 들려오는 근거리에 있던 터라 그녀가 누군가에게 화가 나서 그 대상을 향해 자기 감정을 쏟아내는 것이라는 걸 짐작할 수 있었다.

전철에 타고 있던 그 주변의 사람들의 표정에 못마땅함이 드러나고 노골적으로 찡그린 표정으로 그녀를 노려보는 사람들이 늘어났다.

정상적인 사람이 아니라서 대놓고 뭐라고는 못하는 사람들의 짜증이 전철 한 칸을 점점 채워가고 있었다.

내 안에서도 짜증이 막 밀려오던 어느 순간, 내게 문득 알아차려지는 것이 있었다.

아, 저 여자는 자기 속의 것들을 속에 담아두지 못할 만큼 한계가 차서 저렇게 내뱉고 있지만 내 속에도 끊임없이 누군가를 향해 중얼거리고 있는 소리들이 있음을 알아차린 것이다.

그러자 전철 안의 사람들의 내면에서 중얼거리는 불평들이 쏟아져 나와 내 귀에 들리는 듯한 느낌이 밀려왔다.

속에서 중얼거리는 그 숱한 불평과 원망과 분노들이 상상이 되니까 나도 모르게 알 수 없는 미소가 지어지는 것이었다.

저 여자 뿐 아니라 우리 모두가 미치기 직전으로 살고 있는 것은 아닌가 하는 생각이 스치면서 신기하게도 그 여자가 그저 귀엽게 보이기 시작했다.

속으로 하는 생각들이 모두 밖으로 드러나면 세상은 얼

마나 혼란스러울까하는 생각도 들었다.

그나마 그 생각들을 제어해주는 통제장치가 고장나지 않은 사람들이 대다수이니 세상은 이만큼이나마 혼란스럽지 않게 돌아가겠거니 하는 생각을 하며 전철에서 내렸다.

그 날의 경험은 짜증나고 우울했던 것만은 아니고 돌이켜보니 괜찮은 경험이었다.

모든 것을 그렇게 생각해보기로 한다.

눈 앞에 펼쳐지는 상황, 또는 내가 겪는 경험들에 좋고 나쁨의 딱지를 붙일 일이 아니다.

보는 자, 겪는 자의 마음대로 보이는 것도, 경험하는 것도 달라질 수 있다.

마음대로 할 수 있는 특권은 누가 주는 것도 아니다.

내가 주도할 수 있는 내 고유의 권한이다.

얼마나 기막힌 특권인가.

우리나라 국회의원들이 갖고 있다는 수많은 특권보다 이 특권이 더 귀한 것임을 새삼 마음에 새긴다.

달빛 담기

마음을 거울에 비춘다면 떳떳하게 바라볼 수 있을까?

그렇게 명경지수처럼 맑아서 부끄러움 없이 바라볼 수 있는 날이 있으련가.

얼굴엔 날이 갈수록 티가 많아져가도, 마음은 날이 갈수록 티가 없어져 갔으면….

그것은 이루고 싶은 소망 중에, 또한 이루기 어려운 소망 중에 가장 윗자리를 차지하고 있는 소망이었다.

그러던 어느 날, 산에 걸린 달을 바라보고 있었다.

무언가? 저 빛은….

구름을 물들이고 있는 저 빛은….

명증히 모든 것을 분별하게 할 만큼 밝지도 않으면서 대낮의 태양보다 그 폭넓은 밝음 속에서 자신을 더 환히 드러내 보이는 달의 의미가 넌지시 머릿 속에 밝아왔다.

그 자체로는 빛을 발할 수 없는 존재, 태양의 빛을 받아야 비로소 빛일 수 있는 존재, 순간, 어둠 속에 둥싯 떠오르는 각성—

그렇다. 내 안에 영혼이 있음을 의식하기만 하면, 태양의 빛을 받아들이기만 하면 내 안에 달빛을 담을 수 있지 않을까 하는 각성이었다.

달의 뒤에 잠시 몸을 숨기고 있는 태양을 바라볼 수 있는 그 마음, 그 마음만 있으면 되리라.

빛을 사모하며 빛 주위를 맴돌다 보면 빛을 닮아 갈 수 있음을 달님이 가르치고 있었다.

열댓살 무렵부터 눈먼 할머니와 같은 방을 쓰며 살아서였을까.

그 때부터 빛은 내게 각별한 의미의 화두였다.

할머니의 기침 시간은 언제나 동이 트기 전 어스름 새벽녘이었고 비슷한 시간에 내 하루도 시작되었다.

말년에 눈이 먼 할머니의 수발을 드는 것이 내 임무였다.

우물에서 할머니 세숫물을 떠다 드리고 아침예불을 드리도록 해드리는 것으로 내 하루가 시작되었다.

할머니는 눈을 아주 정성껏 닦곤 하셨다.

보이지 않음을 거두어내려는 듯 손으로 물을 움켜 눈에 대고 여러번 씻으셨다.

합장을 하여 부처님께 눈뜨기를 기도드리고 잘 보일 때 읽어서 외어둔 반야심경과 금강경을 카랑한 목소리로 외시며 어둠을 물리며 아침을 맞이하곤 하셨다.

소견 좁은 손녀가 짜증낼까봐 할머닌 간간 독경의 위안을 이야기하셨다.

불경을 듣기만 하고 자라도 넌 극락에 가리라는 소망도 주셨다.

어둠 속에서도 할머니한테는 그것이 빛이셨던게다.

육신의 답답함이 고통이었음에도 남들이 결코 알 수 없었을 그 빛의 희열로 할머닌 들어지지 않는 기도를 보상받고 계셨으리라 싶다.

안경을 벗고 세상을 바라보면 마이너스 팔 디옵터의 내 눈엔 명료한 것이 하나도 없었다.

사물의 경계선이 모두 번져서 엉킨 듯 애매모호했다.

초등학생 때부터 안경을 벗으면 방문 밖도 못 나서던 나는 늘 시력 좋은 사람들을 부러워했다.

세월과 함께 안경이 눈인 듯 일체화되자 시력을 가리우는 안개를 포기하면서 그 대신 통찰의 눈이 밝아져 가길 소원했다.

통찰의 시력조차 부옇게 번져 생에 아무런 의미도 찾지

못할까봐 딴에는 힘겹게 안개와 씨름한 셈이다.

때론 불안으로, 때론 좌절로 허우적대던 젊은 날들, 마이너스 디옵터의 시력이 나아질 기미를 보이지 않자 통찰의 시력마저 좋아지지 않는다면 어둠 속에서 삶을 마치리라는 불안이 역설적으로 빛에의 사모로 불씨를 지피지 않았을까 싶다.

어둠을 밟고 오는 진줏빛 새벽이 좋아 아침엔 일찍 일어나는 편이다.

눈 비비면 커피 한잔 만들어 들고 창 밖을 내다보는 것으로 늘 내 하루는 시작된다.

어스름 속에 제 홀로 숨쉬며 깨어 만물이 깨어나길 기다리고 있는 창 밖의 수목들에 인사를 건네며 간 밤의 안녕을 감사해한다.

창 밖의 공원 너머 하늘 저 편으로 어둠을 지우며 조금씩 기어드는 아침을 저 혼자의 손님인양 한껏 반가워하며 팔 벌려 껴안는다.

은밀히 신의 총애를 받는 양 그 신선함의 선물이 늘 황송하다.

발치 화분에선 사랑초가 아침 빛으로 잎을 세우고 귀를 열면 세상이 잠에서 깨어나는 소리가 들린다.

새벽엔 꽃들도 진하게 숨을 내쉬는 듯 항아리에 꽂아둔 국화에서 진한 향내가 돌아드는 무렵엔 더욱 새벽 맞음이 각별하다.

가만히 돌아보면 내 추억의 장엔 흑백 영상 위에도 빛이 서려있다.

어린 시절을 보낸 집 뒤의 시냇물도 빛으로 기억된다.

물위를 비추던 햇빛과 달빛들, 둑길의 풀잎 위로도 반짝이던 사철의 다른 빛들, 너른 들판에 쏟아지던 황홀하던 가을빛, 얼음판 위로 미끄러지던 눈부신 겨울의 햇살, 추억이 그리운 것은 그 빛들 때문이런가.

그러나 지난 날의 어느 대목에서건 어느 만큼의 어둠이 있었기에 그만큼 빛을 탐하는 마음을 키워오지 않았을까 싶다.

어머니 마음

"가난 때문에 너희들 먹을 것 제대로 못 먹이던 때 내 가슴에선 '아야 아야' 하던 소리가 지금도 귀에 쟁쟁하단다."

어머니는 자식들 모두가 잘 먹고 사는 지금도 가끔 그런 말씀을 하신다.

어머니 가슴 속에 평생 못 지울 소리로 남은 그 고통을 생각하면 너무 잘 먹고 편안하게 사는 지금의 자신이 차라리 큰 죄를 진 죄인인 것만 같다.

우리는 배고픔이나 알았지, 어머니 마음은 짐작도 못했다.

지금은 그 때의 부족조차 까맣게 잊어버려 고통으로 기억되진 않는다.

그저 누구에게나 먹을 것이 그리 흔치 않았던 시절, 개떡조차 맛있었던 기억 뿐이다.

그러나 당신의 배고픔은 까맣게 잊어버리시고 자식들

때문에 애간장을 태우시던 아픔만이 잊혀지지 않아 "아야 아야" 하는 고통의 이명을 못 버리시는 어머니….

그런데 왜 우린 어머니의 사랑을 그리 자주 잊어버리는가.

지옥의 마지막 형벌을 받을 자는 '자아'라고 하던가.

자아는 온 채로 비워버리고 그 자리에 사랑과 인내의 우물을 파고 퍼내도 퍼내도 다함없는 샘물을 채워 갖고 있는 존재, 그것이 생명인데도 끝까지 퍼내주고 빈 껍데기로 남을 존재, 그 어머니 마음만 같게 산다면 마음의 여유를 갖지 않을까.

건 듯 짜증이 날 때나 불쑥 분노가 솟을 때, 마음에 찬 바람이 들 때마다 '어머니 마음만 같자' 생각하면 잘 못 먹은 마음도 돌이킬수 있을텐데….

그 어머니 마음만 생각해도 마음의 평강을 찾을 수 있을텐데...

안에서 밖으로

"아, 정말 아름답네요. 시가 절로 나오겠어요."

그럴듯한 풍경 앞에 서면 시인의 동행자는 그렇게 말하기 일쑤다.

"얼마나 좋을까요? 말로 형언할 수 없는 저런 정경을 시로 쓸 수 있다면 말이죠."

또 그렇게 덧붙인다.

"그냥 그렇게 아름다움을 느끼는 것이 시 아네요?"

"그 감탄하는 마음 속에 이미 시가 있는거죠."

시인은 그렇게 답한다.

미켈란제로의 '다비드상'에 붙은 일화가 생각났다.

조각을 시작하기도 전에 아름다운 다비드상이 화가의 마음 속에 있었다지 않은가.

세명의 조각가들이 포기했던 돌 안에서 그는 다비드상을 보았다는데 그것은 오랫동안 미켈란제로의 마음 속에 있었던 상이었다는 것이다.

화가는 이렇게 말했단다.

돌 안의 다비드 상이 나오도록 불필요한 부분을 제거한 것 뿐이라고….

안에 있는 것이 밖에서 발견된 것 뿐이라는 이야기다.

시인의 눈은 그의 밖의 어디에 있는 것들을 캐내는 단순한 도구가 아니라는 이야기다.

어느 것이든 시인의 마음에 포착되는 것은 그 마음에 이미 있던 의미를 품고 밖으로 끌어 올려진다는 것이겠다.

그래서 밖의 것들이 안을 결정하게 두지 말라는 것인지 모른다.

모든 다른 일에서도 안이 밖을 결정하게 하면 우리는 훨씬 자유로워진다.

우리가 보내는 에너지만 우리에게 돌아온다지 않는가?

우리 모두는 지구의 전자 기장 속으로 자기의 감정을 쏘아보내서 자기 자신의 전자기장을 만든단다.

그렇게 해서 자기만의 독특한 현실을 스스로 창조하는 것이란다.

그렇다면 내가 어떤 일이 내게 일어났다고 하는 일은 나와 상관없이 어떤 일이 우연히 일어난 것이 아니라는 이야기다.

그렇다면 일은 내게 일어나는 것이 아니고 나를 통해

일어난다고 말해야 옳겠다.

먼저 내가 외계에 쏘아 보낸 에너지가 우선하고 그 다음에 그 자장에 맞는 일이 내게 온 것이라고 할 수 있다.

상식적으로 생각했던 것과는 거꾸로다.

내 의식 속에서 먼저 일어난 일 때문에 내 앞에 어떤 일이 다가온다는 것이다.

시인들은 밖의 대상을 관찰하고 세상의 켜 속에서 탄부처럼 의미를 캐내는 것이 아니다.

이미 마음에 있던 보석의 빛을 밖으로 투사하고 거기 비추어지는 의미와 빛을 말로나 글로 옮기는 이들이라고 할 수 있다.

우주의 어떤 풍경도, 향기로운 꽃들도 자연 그대로는 어떤 의미도 없는 중립일 뿐이란다.

그것을 바라보는 이의 마음이 색을 입히고 의미를 부여한다.

그리고 주관적 관점으로 그것을 옮긴다.

그래서 형형색색의 우주가 탄생하고 각기 다른 의미를 입은 꽃들이 재탄생한다.

그래서 창조는 무한해지고 우주는 무한히 확대 재생산된다.

마음에 이미 시가 가득 차 있는 이들에겐 우주의 대상이 의미 깊은 시편들로 열릴 것이다.

그래서 마음에 어떤 의식과 생각들을 고정시켜놓는다는 것은 어리석고 무모하다.

생각과 의식은 무한히 자유롭고 무한히 변화하는 진동일 것이다.

다양한 진동과 파장이 그만큼 다채로운 물리적 세상을 내 곁으로 끌어당긴다.

창의적으로 살고 싶은 이들에게 고정된 관점은 가장 피해야 할 일인지 모른다.

사랑과 정열과 지혜와 동정과 이해와 모든 통찰이 때를 따라 안에서 눈 뜰 때 그에 따라 다양하게 변화하는 밖의 세계는 무한한 창조의 결실로 그들에게 다가오리라.

겨울 빈 들

싸늘한 바람 비껴가는 겨울 빈 들을 바라보며 가노라면 오래 누리지 못했던 적요와 한유로움이 가슴 가득 고여든다.

봄, 여름, 가을, 풍우의 시련 속에서도 잎 틔우고, 꽃 피우고, 열매 익히며 그 품안 가득히 생명을 품어온 들판도 이제 모든 것 비워내고 넉넉한 여유를 가지고 쉬는데 내 마음은 왜 어쩌다가라도 겨울 들판처럼 깨끗하게 모든 것 다 비우고 쉬지 못하는가?

아쉬움도, 미망의 욕심도 다 손 놓은 채 그대로 누워있는 빈 들의 여유를 닮고 싶건만 마음 속은 일년 삼백 육십오일 어찌 그리 많은 것들로 소요스러운지….

자신의 살을 녹여 생명의 완성에 기여하고 새로운 생명을 기다리는 대지의 끝없는 포용력을 빈 겨울 들판을 보며 비로소 깊이 인식해본다.

내가 가질 것을 위해서가 아니라 완성시켜 떠나보낼 더

소중한 생명을 위해서 이따끔씩은 겨울 들판처럼 비워져 있을 필요가 있음을 느낀다.

논밭으로 둘러싸인 곳에서 유년시절을 보낸 나는 겨울 들판이 불질러지는 모습을 종종 본 적이 있다.

까맣게 탄 논둑 사이 사이로 파릇파릇 새싹이 돋고 이내 다시 자운영이 불꽃처럼 덮이는 봄이 오면 지난 겨울 빈 들의 공허는 다시 채워짐을 위해 있었던 연소였음을 알기에 충분했다.

지금의 빈 들이 결코 그대로 메마름으로 남아있지 않으리라는 신의 약속을 보았기에 칼바람 울리는 겨울 들판의 소리도 희망의 소리로 듣게 된다.

보이지 않는 대기 속에 가득 생명을 잉태하고 있는 풍요로운 사랑을 차고 매서운 바람 질러갈 때조차도 느낄 수 있다.

겨울 빈 들의 그루터기 조차 불태워질 때 나는 다시 느낀다.

새 생명에의 소망처럼 하늘을 향해 타오르는 그 자유스러운 불꽃을 보면서 서리조차 녹여 양분으로 장만해 두어야 하는 대지의 소망과 사랑을 배운다.

봄의 씨앗을 받아들이기 위한 새로운 생명의 공간을 위해서는 불타는 고통도 감내해야 함을 배운다.

머리 위 새의 비상을 다시 볼 봄날을 위해서 겨울 동안은 침묵 속에 치러내야 할 고통이 있음을 새삼 인식하는 것이다.

편안해지는 삶

A가 아침부터 찌푸린 얼굴로 불평을 늘어놓는다.

"정말 재수없는 날이네! 문 앞에 누가 물을 버려서 얼어붙게 해놨잖아!

아침부터 빙판에 미끄러졌어!"

아직 넘어진 곳이 얼얼한지 엉덩이 쪽을 어루만지며 재수 없는 하루를 시작하는 A옆에서 B가 빙긋이 웃는다.

그들이 앞서거니 뒤서거니 비슷한 시각에 들어왔기에 B한테 그는 미끄러지지 않았느냐고 물었다.

B도 엉덩이에 손이 가 있었다.

그는 웃으며 "천만 다행이지 뭐예요? 하마터면 고관절 부러져 고생할 뻔 했는데 다시 일어나 멀쩡히 걸어 들어왔으니 말예요."

세상만사가 그런 식이 아닐까?

같은 상황을 두고도 자기가 어느 쪽을 경험할 것인가 선택하면 된다는 거.

B가 선택한 것처럼 하면 되는데 이분법에 길들여진 우리는 그게 잘 안 된다.

넘어지는 건 무조건 나쁜 일이고 재수 없는 일이고 아픈 건 나쁜 것이고, 돈을 주우면 행운이고 돈을 잃으면 불운이고 시험에 합격하면 성공이고, 불합격하면 불행한 일이고 머릿 속에 매사가 이분법으로 정리되어 있다.

그래서 어떤 일이 벌어지면 자동적으로 좋고 나쁨을 가리게 된다.

좋고 나쁨을 가리는 순간 감정이 따라서 편승한다.

불쾌하고 우울해지거나 뛸 듯이 기쁘거나 비참해지거나 행복해지거나의 경험이 결정된다.

아주 오래 전, 첫 정규직의 직장에 면접을 가던 날이었다.

전 날에 눈이 많이 오고 당일에는 기온이 더 떨어진터라 면접 시간에 제대로 갈지 전날 밤부터 걱정이었다.

다행히 차는 제대로 늦지 않게 도착지에 나를 데려다 주었다.

그런데 조금 걸어서 면접장으로 가는 도중 서두르다 그만 눈길에 넘어지고 말았다.

순간 머릿 속으로 섬광처럼 자동으로 뜨는 문귀 하나가

"안 되겠구나!"였다.

합격할 것에 대한 자신감도 없던 터에 면접장 앞에서 넘어지다니, 이건 불운의 싸인이다 싶었던 것이다.

선택할 여지도 없이 자동으로 떠오르는 생각을 어쩔 수 없었다.

눈을 툭툭 털고 일어나 면접장이 있는 건물의 3층으로 걸어 올라가는데 신기하게도 마음의 긴장이 풀렸다.

어차피 안 될거라면 "편하게 하자"라는 마음이 들었을 것이다.

바짝 긴장했던 마음이 풀리니까 면접장에 들어서면서 여유롭게 미소도 띄어졌다.

면접관이 묻는 말에도 편안하게 답변이 술술 나오는 것이었다.

그리고는 태평하게 집에 돌아와서 그 직장은 안 되는 것이니 다른 데나 알아보자고 뭔가를 뒤적이고 있을 때 연락이 왔다.

합격이라는 소식이었다.

예상 밖의 좋은 일은 더 기쁜 법이었다.

그 이후 가끔씩 나는 그 일을 복기해본다.

그리고는 비밀스런 인생의 수를 하나 얻은 듯이 입가에 미소를 짓는다.

어떤 일이 일어나도 그것은 좋은 일이니 나쁜 일이니 정해놓고 반응할 일은 아니라는 것이다.

모든 일은 사실 중립일 것이다.

거기에 내가 이분법 분리의 잣대를 들이대고 재수가 있느니 없느니 하면서 내가 그 상황을 재 조정하는 것이라는 생각이 들었다.

그 날, 나는 넘어지는 순간 분명히 재수 없는 쪽으로 그 날의 운세를 구분했지만 좋았던 것은 바로 마음을 내려놓게 된 일이었음을 복기의 과정에서 알 수 있었다.

넘어진 일로 불쾌한 감정을 이끌어가지 않고 '에라' 하면서 마음을 내려놓은 것이 나를 참 편안하게 했던 것을 언제까지나 기억하고 싶다.

무슨 일을 만나든지 선불리 예상을 않기로 한다.

중립의 시각을 고정시키고 결과에 대해서 마음을 놓고 있으면 자연스럽게 좋은 쪽으로 결론이 나는 경험을 종종 한다.

결과에 대한 집착이 덜해질수록 인생이 편안해짐을 자주 실감한다.

투쟁과 노력으로 성공을 거머쥐어야 하는 요즘 세태에는 안 맞는 일일지 모르겠다.

꽃들의 기습

왈칵 눈물이 나려고 했다.

그렇다고, 슬픔은 아니고 느닷없이 더운 기운이 목안까지 차올라 오던 그것이 무엇이었을까? 출근길, 아무 생각 없이 모퉁이를 돌자 길가에 벚꽃, 개나리 무리가 숨어 있다가 한꺼번에 기습해온 복병처럼 느닷없이 시야를 가득 메워온 것이다.

왜 그것에 그리 호들갑스러운 감정이 솟아올랐을까? 아직도 아침 저녁 바람이 찰 때였는데 한 낮의 햇빛이 좀 따사로왔다고 겨우내 숨죽였던 생명들을 갑자기 팝콘마냥 한꺼번에 터뜨린 연약한 가지 속의 힘이 참 장하게 느껴졌다.

땅 속, 아니면 매운 바람의 켜 속 어딘가에서 은밀히 봄을 준비하고 있던 그 부단한 몸짓을 조금도 눈치채지 못했던 것처럼 느닷없는 꽃의 습격이 예사롭지 않던 해 봄 풍경이었다.

추위 속에서, 또는 누구도 눈길 주지 않는 무관심의 깊음 속에서 아기작거리며 쉴 새 없이 생명을 키워온 것이 어디 한 두 해랴만 그 핸 유난히 그랬다.

한잎 두잎 서서히 피어나며 이제 꽃 필 때가 되었구나 하고 준비된 마음으로 봄을 맞이하던 때와는 달랐다.

요 몇 년 새에는 긴 겨울을 지나고 다가선 봄을 그저 때가 되어서 새 계절이 왔겠거니 하고만 바라보지 않게 된다.

나 모르는 사이 눈 비바람을 이기며 새 눈을 틔우기 위해 보이지 않는 곳에서 욱신거렸을 산천의 인고를 생각하게 된다.

달려들 듯 피어난 이 해의 봄꽃들은 그저 때가 되어 땅을 뚫고 올라온 식물에 그치는 것이 아니라 전할 말이 있어서 서둘러 달려온 우주의 전령사 같았다.

몇나절 햇살로 와아 함성 지르며 세상에 얼굴을 내밀던 봄꽃들이 다른 해에는 그때서야 피기 시작할 시기인데도 때 이르게 속절없이 꽃잎을 떨구고 말 때, 정말 져버리지 말아야 할 이 땅의 봄 꽃같은 생명들이 차가운 바다 속으로 단체 여행을 떠나버렸다.

이름하여 세월호 사건, 제주도 수학여행으로 가슴 설레였을 청춘들이 배 사고로 한꺼번에 바다 밑으로 긴긴 여행을 떠나버린 것이다.

느닷없는 비보, 그 역시 겉으로는 기습같은 날벼락을 맞은 것이라 하지만 긴 세월 우리의 눈이 닿지 않는 곳에서 켜켜로 쌓여져 온 부정적 원인들이 어느 날 우리 눈 앞으로 밀어낸 결과일 것이다.

인간 세상의 표면으로 부상되어 우리가 보고 느끼는 현상들은 너무나도 피상적인 한꺼풀 막에 지나지 않는 거란다.

그 깊은 속에서 흐르는 생명의 흐름, 또는 죽음의 흐름에 너무 둔감한 것은 아닐까?

사실은 그 얇은 현실의 표면을 드러내기 위해서 보이지 않는 그 속에서 움직이는 원인들이 얼마나 더 깊고 넓고 질길 것인가.

아침 저녁으로 삼십분 쯤 눈감고 앉아서 마음의 회로 속을 더듬는 시간을 자주 가져본다.

눈 감고 몸 속에 의식을 집중하고 호흡을 하다보면 보이지 않는 광활한 공간을 유영하는 자유를 누리게 된다.

모든 의식의 경계를 넘어 휘도는 바람처럼 한 바퀴 돌고 나면, 그리고 눈뜨면 보이는 세상 위에서 몸부림치듯 살아 있음이 한껏 가볍게 느껴진다.

보이는 세상은 보이지 않는 그 광활한 세상에 비해서 얼마나 좁은지 모른다는 생각을 한다.

봄에 잎눈 틔워 이제 막 커가는 잎들이 바람에 가벼이 춤을 추어도 그 나무 뿌리 밑 세상은 얼마나 깊은 무게로 하늘을 버티고 있는 것이랴.

눈 앞에 보이지 않는 꽃들이 영영 사라진 것이 아니라 이듬해 다시 또 생명으로 살아오듯이 영 영 떠나버린 듯한 그리운 이들이 어느 곳에선가 더 평안한 곳에서 이 땅에서 못다한 생명으로 새롭게 피어나서 다시 만날 수 있다는 소망을 줄 수 있다면 얼마나 좋으랴.

'나' 없애기

봉사와 헌신의 삶을 살았던 어떤 사람이 천국에 갔단다.

투명하게 안이 들여다 보이는 천국 문 앞에서 먼저 문을 열어주길 기대하며 노크를 하니 신이 "누구냐?" 고 물었다.

자기 정도는 천국에서 알아볼 것이라 생각해서 "저예요!"하고 그는 답했다.

그런데 예상치 못했던 반응이 돌아왔다.

"여기는 네가 올 데가 아니니 돌아가거라!" 하고 신은 돌아서버렸다.

그 사람은 다시 세상으로 돌아와서 더 열심히 봉사하고 헌신하는 삶을 살다가 다시 천국 문에 이르렀다.

누구냐는 물음에 그는 이번엔 자기를 정말 알아보리라고 자신하고 당당하게 "접니다!"하고 말했다.

돌아온 대답은 다시 또 당혹스러운 것이었다.

"여기는 둘이 오는 곳이 아니니 돌아가거라!"

"아니 둘이라니요? 저 혼자인데요. 바로 저라구요!"

천국문은 열리지 않고 신은 여지없이 돌아서버렸다.

그 사람은 다시 돌아와서 전보다 더 열심히 착한 삶을 산 후에 천국 문 앞에 다시 서게 되었다.

"누구냐?"라는 질문에 그는 "당신입니다!"라고 답했다.

그제서야 천국문은 스르르 열렸단다.

착한 일을 하고 살았어도 "나"를 앞세우는 자는 천국에 들어가지 못하리라는 메시지의 우화일 것이다.

아무리 선한 일을 해도 "내가 했다"라고 자기를 앞세우는 것은 공이 없다는 말일 것이다.

"너를 위해서"하는 일도 "내가"한 것이 아니라 나와 너는 기실 하나이므로 그것은 나를 위한 일이기도 하니 굳이 '내가' 했다고 내세울 일이 아니라는 의미일게다.

우리가 구별하기 좋아하는 '너', '나'는 사실 하나라는 것이 진리라고 할지라도 이 세상을 그런 관점으로 살기는 얼마나 어려운 것이던가?

사실 살아가다보면 가장 어려운 것이 '나' 없애기이다.

모든 것이 '분리'를 바탕으로 세워진 세상이기에 내가 남과 구별되어야 하고 내가 남보다 나아야 하고 내가 더 존중받아야 하고 내 것이 더 많고 좋아야 하고 내가 옳아야 하고 등등 나와 남이 구별되는 세상에서 '나'를 주장하지 않기란 불가능에 가까울지 모른다.

어느 날, 우연히 옛날 살던 동네를 지나치다 이웃집에 살던 애기엄마를 만났다.

그동안 잘 지내셨느냐는 의례적인 인사에 돌아온 답 인사는 장황하기 그지 없었다.

자기의 친정엄마와 시어머니 때문에 고생한다는 것이 주제였다.

갈 길이 바쁜 나를 붙잡고 그녀는 자기가 얼마나 고생하는지 좀 알아달라는 투의 하소연을 길고 길게 늘어놓았다.

씁쓸히 발길을 돌리면서 생각해보았다.

내가 아는 그 집 남편은 전형적인 가부장 주의적인 남자였다.

그러니 아내가 자기 어머니와 장모님 때문에 애쓰고 고생한다 해도 '고맙다, 미안하다, 수고한다' 는 말조차 제대로 해줄성 싶은 남자가 아님에 분명했다.

어디에서 그 누군가로부터도 인정받지 못하는 자기 자신을 오랜만에 만난 지인에게라도 드러내 보이려던 그녀의 안간힘이 애달프게까지 생각되었다.

우린 너나 할 것 없이 왜 그렇게 '나' 를 인정받고 싶어

할까?

그것이 본능적 욕구 중 하나임에 틀림 없을텐데 내가 인정받고 싶은 만큼 왜 타인을 인정해주는 데는 또 그리도 인색한걸까?

자존감이 부족해서라고 진단하는 경우가 많다.

그런데 분명한 것은 '나'를 내세우고 나를 인정받고 싶어 하는 욕구는 끝없는 목마름을 가져다 줄 뿐이다.

타인으로부터 와야 하는 어떤 것은 내 바램대로 그것이 충분히 오지 않을 때 더욱 아쉽고 안타깝다.

그리고 그것이 기대하는 대상으로부터 오지 않을 때 그 상대에 대한 분노나 미움까지 서운한 마음에 덤으로 보태어진다.

그럼 인정받고 싶은 마음을 놓아버리면 될까? 놓아버린다는 것은 추상적이어서 실천하기 어렵다.

나는 누가 날 인정해주지 않아도 '나대로, 있는 그대로 괜찮아' 하는 마음을 자신에게 세뇌시키면 어떨까?

나 자신도 그것을 못해서 끝없이 인정을 갈구하며 살아왔던 과정이 있었기에 하는 말이다.

'넌 누가 뭐래도 괜찮은 사람이야, 너 스스로를 인정해봐!' 이렇게 자신에게 말해왔더라면 좋았을 것을… 하는 생각을 많이 하게 되는 즈음이다.

석양 그 너머엔

아주 어린 시절, 태양이 불덩어리라는 것을 이해하게 된 것은 자연시간이 아니라 저녁 하늘에서 선혈을 입은 듯한 붉은 해 덩어리를 보고 나서였다.

낮에는 그 밝음을 나누어주는 주체이면서도 거의 눈에 띄지 않게 운행하여 지각조차 못하게 하면서 황혼녘엔 붉은 피처럼 강렬하게 존재를 부각시키며 산 너머로 사라지는 그 태양의 강렬한 이미지는 매번 볼 때마다 가슴을 뜨겁게 한다.

어스름 내린 후부터의 석양은 왜 그토록 전율할 만큼의 붉은 색으로 강렬하게 다가오는가.

다가오는 어둠에 대한 경고일까?

이켠에 어두움을 드리우고 저켠으로 빛을 나누어 주기 위해 순환의 선을 그으며 사라지는 저녁 해는 돌아서 다시 제자리로 가는 생의 한 바퀴를 진지하게 생각하도록 해준다.

사계의 조용한 변화나 시대의 요란스러운 변화나 날마다의 놀랄만한 이변에도 전혀 흔들림이 없이 한 치 어김도 없이 정해진 섭리 따라 아침 저녁을 구분지어주며 순환하는 그 빛의 신비를 인간의 머리로 얼마나 이해할 수 있을까.

포도빛 거대한 망토를 걸치고 우아하게 모습을 드러내는 여명의 태양도 사랑하지만 나는 피를 토하며 간절한 메시지를 전하는 것처럼 새빨갛게 타오르다 사라지는 석양의 태양을 무엇보다 좋아한다.

어린 시절부터 붉은 하늘을 살라먹고 사라지는 태양을 보며 생에 죽음이 있음을 인식할 수 있었고 밝는 아침에 더욱 각별한 애정을 가질 수 있었다.

그래서 지금은 매번 황혼에 갑자기 선명해지는 태양을 보면 그것이 불원간 저무는 시한적 인생을 자각시키는 것이라고 생각하며 마음을 가다듬는다.

태양은 언제까지고 변함없는 섭리대로의 운행을 계속하겠지만 우리의 생은 뜨고 지는 것이 일순에 지나지 않음을 인식하면서 다시 촌음에 대한 소중함을 일깨우는 것이다.

일몰 무렵의 태양이 더욱 커 보이는 것은 인생의 황혼에 더욱 크게 다가서야 할 신의 존재를 부각시키기 위함일까.

어두워짐도, 이지러짐도 없이 더욱 붉고 온전하게 산 너머로 아쉽게 넘어가는 태양을 보며 죽음 저편에서 만날 수 있는 밝고 온전한 신의 존재를 생각해본다.

깜깜한 어둠인 채로 절망 속에 던져지지 않아도 좋은 것은 온전한 태양이 산 너머로 넘어가서 다시 떠올라 주리라는 희망이 있기 때문이리라.

영원히 어둠 속에 묻히기를 소망하는 자가 있으랴.

그것은 삶이 있는 자의 최대의 공포요, 피하고 싶은 두려움이 아니랴.

내일 다시 태양빛을 맞이할 수 있다는 희망처럼 죽음 다음에도 빛 가운데 거할 수 있으리라는 믿음이 있다면 일몰이 하루의 고단함을 잠재우고 내일을 준비해주는 복스러운 희망이듯이 죽음도 생의 고통을 재워주고 다시 새로운 빛을 준비하는 순간의 어둠 뿐임을 믿을 수 있다.

탈 환상

1564년에 태어나서 1616년까지 52년이라는 길지 않은 생을 살다간 셰익스피어는 37편의 희곡과 소네트 시편 등 적지 않은 작품들을 남겼다.

그의 시대 이후 400여 년의 세월이 흘렀지만 여전히 셰익스피어는 전 세계에서 널리 읽히고 연구되고 있다.

물론 그의 작품들의 배경, 인물, 줄거리 등은 21세기의 현실과는 거리가 멀다.

그럼에도 불구하고 왜 셰익스피어는 현대에 와서도 여전히 명작으로 읽히며 온 세계의 학교들에서 교재로 다루어지고 있을까?

그것은 지리적 배경과 시대적 차이를 뛰어넘어 모든 사람들에게 공감을 주는, 인간과 인생에 대한 통찰이 거기 담겨져 있기 때문일 것이다.

그의 희곡들과 시편들에 담긴, 삶에의 통찰은 21세기의 복잡한 시대에 살고 있는 오늘날의 우리에게 더욱 필요한 지혜임을 부정할 수 없다.

셰익스피어의 대표적인 4대 비극에는 공통적으로 주인공들이 어느 시점까지 기정사실로 기대하고 있던 대상이 환상의 가면을 벗음으로써 겪게 되는 탈환상의 충격이 극화되고 있다.

4편의 비극인 「햄릿」, 「리어왕」, 「맥베드」, 「오델로」 등의 주인공들은 특정 계기들을 통해서 환상이 깨지는 경험을 하며 그로 인한 비극적 결말에 이른다.

햄릿은 숙부의 아버지 살해와 어머니의 재혼을 통해서 남녀간의 사랑이 환상임을 통찰한다.

리어왕은 세 딸들의 효심에 환상을 가졌지만 자식의 부모 사랑이 재산을 노린 거짓일 수 있음을 쓰라리게 맛본다.

맥베드는 마녀들을 통해서 인간이 죽지 않는다는 환상을 갖게 되지만 그것이 거짓임을 죽으면서 알게 된다.

오델로는 부하의 음모를 통해서 낭만적 사랑에 대한 환상이 깨지는 고통을 맛보게 된다.

셰익스피어가 그의 비극들에서 공통적으로 탈환상의 문제를 다루었다는 것은 연역적으로 인생의 비극은 환상적인 것을 실제인 것처럼 잘못 보는 데서 기인함을 드러내려는 의도였음을 짐작케 한다.

여기서 환상적인 것이라 함은 다분히 대상을 인식하는 주체 자신의 주관적 오해로 인한 경우가 많다.

따라서 탈환상의 경험은 필연적으로 주체로서는 쓰라린 경험일 수밖에 없지만 이를 통해 인생의 실재에 도달하는 깨달음을 얻을 수 있음 또한 비극의 공통적인 귀결이 된다.

햄릿은 언제까지나 순결하고 덕망 있는 여인으로 머물러 있을 줄로 생각했던 어머니가 아버지 사후 2개월도 안 되어 숙부와 재혼하는 것을 보고 모든 여자에 대해 혐오심을 갖는다.

어머니에 대한 실망 때문에 사랑하는 오필리아마저 거부하며 그녀의 사랑을 짓밟음으로써 죄 없는 오필리아를 자살로 내몰게 된다.

아버지가 숙부에게 살해당하고 어머니가 그 숙부와 결혼하는 것을 보며 햄릿은 여자에게 뿐 아니라 인생 자체에 대한 환멸을 느낀다.

그러나 그는 그 환멸의 과정을 통과하면서 인간적으로 성숙해간다.

무덤 파는 장면 앞에서 그는 모든 화려한 인생들도 결

국 한 줌 흙으로 돌아가는데 살아있는 동안 온갖 환상적인 것에 매여 중요한 것들을 잃고 마는 것임을 깨우친다.

권력을 소유하고 있는 동안, 딸들이 자기를 누구보다 더 사랑하리라는 환상을 갖고 있던 리어왕은 그가 권력의 권좌에서 물러난 후에도 환상에 머물러 있다가 그 환상이 깨어지는 혹독한 현실에 맞닥뜨린다.

딸들은 권력과 영토를 물려받기 위해 온갖 감언이설로 아버지를 사랑한다고 말함으로써 리어왕을 언어의 환상에 속게 하고 일단 권력과 영토를 자기들 소유로 한 뒤에는 아버지를 배신한다.

리어왕은 딸들이 자신이 쥐고 있는 힘을 사랑하는 것이라는 사실을 알지 못하고 딸들이 자기 자신을 사랑하는 것이라는 환상에 빠져 있었던 것이다.

딸들의 실체를 모르고 환상에 빠져 있던 리어는 권력이 없어지자 비로소 환상이 벗겨진 현실에 직면하게 된다.

그러나 리어왕 역시 권좌에 있을 때는 결코 알지 못했던 동정심을 배우며 환상에서 벗어난 고통의 여정을 성숙의 기회로 삼는다.

맥베드는 던칸왕의 충실한 장군으로 총애 받는 신하였

지만 왕이 되고자 하는, 더 큰 권력에의 환상에 이끌리어 던칸왕을 죽이는 살인죄에 빠지고 만다.

그는 던칸왕을 죽이고 그 권좌에 앉게 되지만 한 순간도 그가 그토록 바라던 권력을 편안히 누리지 못한다.

그가 왕이 될 것이며 또한 결코 죽지 않으리라는 마녀들의 환상적 유혹에 넘어간 맥베드와 그의 부인은 결국 죄책감에 시달리다 비극적 최후를 맞이하고 만다.

죽음을 앞둔 맥베드는 마지막 독백에서 "인생은 걸어다니는 그림자에 불과하다"라고 하는데 환상을 쫓는 인생은 그림자에 불과한 것임을 절규하고 있는 것이다.

본체인 자아를 찾아가는데 있어서 필수적인 과정은 그 그림자에 불과한 존재가 참 본체가 아님을 알게 하는 탈환상의 순간을 맞이하는 것이다.

그것이 인생의 고통이지만 셰익스피어는 인생은 그런 고통을 통해서 성숙하는 것임을 전해주고 있다.

아내 데스데모나에게서 영원한 어머니 상을 보고 있던 오델로는 악한 이야고의 음모로 아내가 다른 남자를 만난다고 오해하여 사랑하던 아내를 무참히 목졸라 죽이고 만다.

비극의 원인은 오델로 안에 내재해 있던 사랑의 영속성

에 대한 불신과 사랑이 변할 수 있다는 두려움이라고 할 수 있다.

데스데모나가 죽은 다음에 모든 것이 이야고의 음모 때문이었으며 데스데모나가 죽어야 할 그 어떤 실체적 이유도 없었음이 밝혀진다.

낭만적 사랑의 기저에는 두려움이 도사리고 있다는 것, 기실 두려워하는 것의 실체는 없다는 것, 두려워하는 것은 다만 환상일 뿐임을 오델로 역시 죽으면서 우리에게 탈환상의 깨우침을 전해준다.

어떤 의미에서 셰익스피어는 욕망의 노예가 되어 현재를 유예시키며 내일만을 바라고 사는 삶 자체가 환상이라는 전제를 그 비극의 기저에 내포하고 있다.

그러나 비극의 주인공들이 환상에 속아 비극적 상황에 부딪치기는 하지만 그 비극적 상황은 환상이 깨지는 계기가 되고 설사 그 비극적 결말에서 다시 행복한 상황으로 복귀하지 못한다 할지라도 그것이 성숙해가는 삶의 과정임을 작가는 전하고 있다.

무엇보다도 셰익스피어의 비극의 주인공들은 삶은 고통을 통한 성숙의 과정임을 일깨워준다.

살아가면서 통찰의 눈을 뜨고 무엇을 잃고 무엇을 얻을

것인지 분별해야 함을 가르쳐준다.

그래서 「리어왕」의 종결부에는 "보라! 보라!"라는 절규가 울려 퍼진다.

환상에 속지 말고 인생의 실체를 잘 꿰뚫어보아야 한다는 말이다.

사랑하였으므로 행복하였네라 

마지막 장면에 결집되는 강렬한 주제로 하여 잊지 못하게 되는 영화나 드라마가 몇 편 있다.

그런 작품들은 세세한 줄거리가 잊혀지더라도 그 마지막 장면 하나가 가슴 한 복판에 살아 있어서 내 영혼의 환기구가 닫힌 듯 할 때 숨을 공급해주곤 한다.

그중 하나가 "마빈의 방"이라는 영화다.

쇠약하여 죽어가는 아버지의 침상에서 그 아버지를 즐겁게 해주기 위해 창으로 들어오는 빛을 거울로 잡아 반짝거리는 반사 놀이를 하며 환하게 웃는 여인의 모습이 잊혀지지 않는다.

더구나 그녀는 백혈병 진단을 받고 친척 중에도 맞는 골수가 없어 수술조차 못 받는 절망적 환자였다.

자기의 인생만을 소중하게 생각하고 가족과 거의 이십여 년간 소식을 끊고 살았던 그녀의 동생은 언니가 백혈

병이라는 소식을 듣고 자신의 두 아들을 데리고 멀리 언니의 집으로 와서 자매는 이십여 년 만의 상봉을 한다.

그러나 동생은 병든 아버지를 돌보며 홀로 살아온 언니의 삶을 동정하고 무엇을 해줄까를 생각하기 보다는 빨리 그 심란하기 짝이 없는 상황을 피해 자기의 일상으로 돌아가기를 바란다.

마지막까지 맞는 골수가 있을까하여 동생과 두 조카들의 피 검사를 해보았지만 결과는 부정적인 것이 된다.

돌아가려고 짐을 싼 동생에게 언니는 자기에게 아버지와 그리고 이웃 사람이 있으니 자기는 행운아라는 이야기를 한다.

동생은 언니가 말한 그 사람들이 참으로 언니를 사랑하는 것 같다고, 언니는 행운아라고 맞장구를 쳐준다.

그러나 언니는 그들이 자신을 사랑해서가 아니라 자신이 그들을 많이 사랑할 수 있었던 삶이었기에 운 좋은 삶이었다고 고쳐 말한다.

그러면서 환하게 웃는 언니의 모습은 진정 행복한 사람의 그런 화사한 웃음이었다.

죽음의 공포가 가져다주는 어두운 그늘은 조금도 보이지 않았다.

아버지의 신음 소리를 듣고 그 방으로 달려간 언니는

아버지가 좋아하는 놀이인 반사경 놀이를 하며 행복하게 아버지와 함께 웃고 있었다.

언니의 그 말과 웃음에 충격을 받은 동생은 떠나려고 쌌던 짐을 내려놓고 쟁반에 아버지의 약과 음식을 챙겨들고 아버지의 방인 '마빈의 방' 으로 간다.

거기에서 곧 죽음을 앞둔 언니와 아버지가 나란히 침대에 누워 방안에 가득 반짝이는 반사경의 햇살을 보며 행복하게 키득거리고 있는 모습을 본다.

방안은 정말 행복으로 가득해보였다.

반짝이는 빛 조각들은 사랑의 이름으로, 행복의 이름으로 그 방을 화사하게 비추고 있는 것이었다.

다가오는 죽음의 불안이 얼씬거리지 못하도록 거울은 움직이면서 계속 빛을 창조하고 있었다.

병들고 늙은 아버지의 수발을 들면서도 그를 사랑하는 것을 행복으로 삼고 살아온 삶은 결코 불행했다고 할 수 없는 삶이었으며 '사랑하였으므로 행복하였네' 라고 할 수 있는 삶은 얼마나 축복된 삶인지를 가르쳐주는 영화였다.

누구 때문에 내 인생이 희생되는 것 같고, 누구 때문에 손해 보는 것 같고, 누구 때문에 더 행복할 것도 못 누리는 것 같아 불행지수와 불편지수를 높여가는 우리네의 일반적인 모습들을 그 눈물겨운 사랑의 장면에 오버랩시켜 본다.

그리고 얼핏 얼핏 스쳐가는 내 삶의 장면들도 되돌아 본다.

그리고 확인한다.

정말 행복했던 순간들은 조건 없이 누군가를 사랑했던 순간들이었음을. 그러나 조건 없이 나를 내주었을 때 느끼는 그 순진 무구한 기쁨과 행복은 참 찰나적일 뿐이었던 것만 같다.

더 행복하기 위해서는 상대에게 더 많은 것을 요구해야 할 것 같은 미욱한 욕심, 그것을 어떻게 벗을 것인가.

소설이나 영화가 주는 감동은 언젠가 사라져 버릴 수도 있겠지만 그 메시지만은 내 가슴에 유리글씨로 각인되었으면 좋겠다.

그래서 사랑받음으로 행복해지겠다는 마음이 들 때마다 반사경처럼 빛을 발해 내 미운 부덕들을 몰아내주었으면 좋겠다.

진정한 힘

'사실들' 은 존재하지 않는다. 다만 '해석들' 만 존재할 뿐이다.

이렇게 말한 니체는 하나의 대상을 보기 위해서 보다 많은 다양한 눈을 사용할수록 대상에 대한 우리의 개념과 객관성은 보다 완벽해질 것이라고 했다.

한 가지 사안을 두고 엇갈리는 주장들 때문에 온 나라가 들썩거릴 정도로 소란스러워지는 것을 자주 목격하면서 주관적 관점의 다양성을 다시 한 번 생각하게 된다.

특정 사안에 대한 주관적 관점이 다르고 그 주관성에 의한 자기 해석만이 옳다고 목청을 돋우니 시끄러울 수밖에 없다.

그 주관적 관점이라는 것이 자기 이익을 우선하는 데에서 기인하는 것이면서도 겉으로는 정의니, 애국이니 하는 포장지로 장식되는 경우가 많아서 세상은 더욱 복잡해진다.

로마의 웅변가 시세로가 "인간은 본디 제멋대로 세상일을 해석하며 본래의 의미와는 딴판으로 해석한다"고 일갈했듯이 사람들은 제 편의 이익에 따라서 모든 것을 해석하고 선, 악을 구분하고 정당함과 부당함을 나눈다.

각자의 시각에 따라 편이 갈리고 자기 편으로 끌어당기느라 여기저기가 찢기고 무고히 상처 입는 사람들도 생긴다.

사실 중심은 도처에 있는 것인데 모두가 자기가 유일한 중심이라고 생각하는 까닭에 우월의식의, 또는 거짓신념의 노예가 되기도 한다.

인류의 역사는 자신의 신념이 절대로 옳다는 광신과 그러한 광신에 입각한 마녀 사냥의 역사였다고 해도 과언이 아닐지 모른다.

개인의 일에 있어서나 국가의 일에 있어서나 자기의 주장이 자기만의 유익을 중심으로 한 것인지를 돌아보며 다양한 시각으로 보다 냉정한 객관성을 확보할 수 있다면 극한 대립이나 싸움은 적어질 수 있을 것이다.

인간이 저지르는 악의 사분지 삼은 공포 때문에 행해진다는데 그 공포는 또한 힘에의 상실에 대한 공포일 것이다.

진정한 힘은 항상 다양한 관점에서 새로운 세계 이해를

모색하는데서 나오는 내적 성숙일터인데 자신만이 옳다는 주장을 갖고 외부적 힘으로 자신의 약함을 강화하려는데서 나오는 고집은 결국 장애에 부딪혀 싸움을 일으킬 수 밖에 없다.

그 도전을 이기는 곳에 진정한 힘이 창조될 터인데 말이다.

그런데, 이 세상 정치권력의 힘이나 돈의 힘이나 지위의 힘이 아니라 살아가는 하루하루의 일상 속에서 불쑥 솟구치는 분노, 은밀히 작동되는 시기와 미움, 떨쳐버릴 수 없는 불안과 두려움, 구름처럼 내려앉는 의욕상실과 우울증, 무관심으로 인한 소외감과 고독감, 이 모든 마음의 작용을 스스로 다스릴 수 있을 때 사실은 진정한 마음의 근력이 생겨 힘있는 삶을 살 수 있는 것이라는데 마음 다스림이 세상살이 중에서 제일 어려운 일인지 모른다.

가을 기도

가을의 거리에 바람이 불어가는 것을 보고 있으면 우수수 낙엽이 지면서 눈부시던 것들이 허전한 바람이 되어 사라져가는 것을 보게 된다. 예쁘던 잎들이 조락으로 사라져간 빈 가지에 그래도 형형히 머물고 있는 저 나무의 목숨, 남아있는 저것은 무엇인가 생각한다.

봄부터 지성으로 키워온 꿈, 잎과 꽃과 열매들은 다 어디로 가는가.

맑은 하늘에 걸려있는 빈 가지들을 보면서 생명의 보이는 것들이 사라져도 생명의 근원은 저리 꿋꿋하게 대지에 연결되어 있구나.

땅 속에 보이지 않게 묻혀있는 뿌리가 살아서 나목의 물관부에 생명의 즙을 쉬임 없이 은밀히 보내고 있겠지.

지상에 떨어져 흙으로 돌아가는 것들은 돌아가되 그것이 끝이 아니라고 가을 바람은 내게 속삭인다.

왜 가을엔 유난히도 온 세상이 투명해지는가?

가을 하늘은 더 높고 깊은 곳으로 달아나고 눈이 아프도록 푸르디 푸른 빛으로 깊어지고 투명한 햇빛을 물고 나르는 고추잠자리도 더욱 선명하게 보인다.

눈 앞에 있던 베일 한 자락을 걷어버린 듯 투명하게 다가서는 산하를 둘러보며 시력이 밝아진 듯 착각에 빠지기도 한다.

나는 밝히 보여지되 스스로 밖을 밝게 볼 수 없는 약시로 내가 꿈꾸었던 것은 세상을 그 켜 속까지 시원하게 보아낼 수 있는 시력이었다.

나이가 하나 둘 더 얹어지면서 육안의 시력은 더욱 퇴보하고 원시안경과 근시안경을 번거롭게 바꾸어 써가며 아직도 내가 소망하는 것은 가을하늘처럼 투명하게 사물을 볼 수 있는 시력이다.

그러나 이제 내가 더 간절히 원하는 것은 보이지 않는 것들을 밝게 보는 것이고 깨끗한 가을 하늘 같은 통찰력의 안경을 갖는 일이다.

트인 영혼의 시력으로 이 세상 이해할 수 없는 일들의 뒤에서 내밀히 움직이는 섭리를 보게 되었으면 좋겠다.

겨울이 없는 나라를 여행하던 때를 기억한다.

더는 좋을 수 없는 쾌적한 공기와 바삭바삭한 햇빛, 청

청한 종려나무와 높은 하늘, 남국의 정서가 거리마다 평화로이 넘실대고 있었다.

천국이 바로 이런 곳일까 하는 생각도 잠시 스쳐갔다.

일년 내내 따뜻한 지역에 사는 이들이 왜 낙천적 기질을 갖고 있는가가 이해되었다.

그러나 왠지 내 마음 저 밑바닥에서 고개를 들던 저항감을 또한 기억한다.

언제나 변함없는 따뜻한 태양빛, 언제나 푸르기만 한 온갖 나무들, 언제나 똑같은 자연의 모습을 그리며 나는 고개를 저었다.

그래도 가을은 있어야 한다고 내 마음이 내게 설득하고 있었다.

황홀한 단풍, 가랑잎 뒹구는 거리, 나목의 썰렁함, 함박눈, 그리고 다시 봄, 이런 순환이 없다면 인간은 어떻게 늙음을, 그리고 죽음을 바라볼 수 있을까.

나무는 영원히 푸른데 사람만이 시들고, 사람만이 죽어가는 것을 어찌 극복할 수 있을까 하는 마음이 들었다.

꽃도 열매도, 그리고 철새들도 다 떠나가는 허전한 하늘을 보며 그래도 그 하늘에서 다시 새로운 계절을 기약할 수 있는 약속을 볼 수 있다고 생각하지 않으면 풀꽃만도 못한 인생의 허무를 어찌 감당하고 웃음으로 인생을 살 수 있으랴.

늦가을을 지나 겨울의 문턱에 서면 인생은 잃으면서 얻는 것이라는 생각을 한다.

삶이 버려진 듯한 곳에서도 생명의 근원은 여전하고 천년의 비바람 맞으며 거기 그대로 누워 있는 대지의 어머니, 수없이 인간의 욕심을 채우고 또 비워주고 하면서 여일한 사랑을 가르치는 근원에 감사하지 않을 수 없다.

자동차의 홍수 속에서, 과학 발전의 빠른 속도 속에서, 경쟁만이 미덕인 것 같은 세상 속에서 그 치열한 경쟁의 대열에 부대끼면서 초조함과 피곤함으로 후줄근해진 넋이 자연의 한결같음 앞에 서면 조금은 부끄럽고 초라해지지 않던가.

그렇게 중요했던 것 같아 크게 보이던 것들이 순간 민들레 솜털처럼 바람에 풀풀 날아가 버릴 때 영혼의 눈이 조금쯤 밝아지는 것도 같지 않던가.

아직 늦가을, 철 이르게 가느다란 흰 눈이 유령처럼 내릴 때, 나도 홀연히 육체 밖으로 걸어 나와 저리 자유로워졌으면 하는 바람을 갖기도 한다.

하늘 근원에서 불어오는 섭리의 맑은 바람 속을 날며 전신의 세포갈이를 할 수 있었으면 하는 소망은 여름내 더위에 지치며 털어내지 못한 피로와 불평들 깨끗이 청소하고 가을 하늘처럼 맑아지고 싶어서일 터이다.

그리하여 영혼은 좀 더 순수해지고 삶은 좀 더 가벼워졌으면 싶다.

그래서 가을엔 좀 더 청정한 정신으로 작은 것에 연연해지지 않는 소견을 갖었으면 하는 소망을 키우게 된다.

숨은 축복

엘리자베스 길버트라는 미국 여류 작가의 『먹고 기도하고 사랑하고』라는 책이 있다.

그녀는 이 책에서 자신의 이혼의 고통스러운 과정을 시작으로 인생의 숨은 길을 찾게 된 과정을 솔직하게 고백하고 있다.

그녀는 20대 초반에 사랑하는 남자와 결혼하고 뉴욕의 좋은 직장에서 능력을 발휘하는 당당한 커리어 우먼으로 살아가고 있었다.

그러던 중 얼마 후 그녀는 결혼 생활을 지속해야 할 의미를 찾지 못하고 방황하다가 이혼을 결심하게 된다.

그러나 이혼하고 싶어 하지 않는 남편 때문에 이혼의 과정은 순탄치 못하고 모든 것이 고통이 되고 만다.

여러 복잡하고 아픈 과정을 거쳐서 마침내 이혼을 하고 다시 다른 사람과 사랑에 빠지고 또 다시 이별의 쓰라림 속에서 몸부림치다 그녀는 인도 여행길에 오른다.

그리고는 인도의 명상지에서 자신에게 상처준 이들이 용서되고 정리되는 정신적 해탈의 경험을 하고 참 자신을 찾게 된다.

그리고 다시 인도네시아 발리에서의 몇 달 동안 교통사고도 겪고 고통 속에서 사는 사람들을 만나 도움도 주고 다시 참된 사랑에 눈뜨는 새로운 경험들을 하게 된다.

결국 그녀는 아주 행복한 사람이 되어 뉴욕으로 돌아온다.

그 행복은 그녀가 이전에 누리던 행복과는 아주 다른, 훨씬 더 성숙한 사람이 맛볼 수 있는 깊이 있는 행복이었다.

리즈는 발리에서 이런 경험을 한다.

그녀는 약초와 민간요법과 기도로 치료센터를 열고 있는 웨이안이라는 여자 의사를 알게 된다.

그것은 그녀가 발리에서 뜻하지 않은 교통사고를 당하여 무릎을 다치게 되어 맺게 된 인연이었다.

발리에서의 흔치않은 이혼녀란 딱지를 붙이고 힘겹게 살고 있던 웨이안과 리즈는 이혼녀라는 공통점 때문에 금방 친해지게 된다.

여덟살 난 딸을 데리고 힘들게 살고 있는 웨이안은 길거리에서 만난 두 고아 소녀들을 데려와 같이 살고 있었다.

어느 날, 리즈는 웨이안의 여덟살 난 딸이 조그만 타일 조각을 소중하게 손에 감싸 안고 조그만 소리로 노래하고 있는 모습을 보게 된다.

아이는 타일 조각을 받쳐 들고 기도하듯 눈을 감고 중얼거리다가 그것을 깔고 앉아 다시 뭐라고 눈을 감고 중얼거리는 것이었다.

리즈는 웨이안에게 그 아이가 무엇을 하는 것이냐고 묻는다.

웨이안은 자기들의 셋집의 기한이 다 되어 갈 곳이 없어 걱정하자 딸이 그것을 위해 기도한다는 것이었다.

그 소녀는 인근의 건축 현장에서 떨어져 나온 파란색 타일 조각을 주워 와서 그런 파란색 타일이 붙여진 예쁜 집을 소원하며 마치 그것으로 지어진 집에 앉아있는 것처럼 흉내 내며 타일을 깔고 앉아 노래하고 기도하곤 한다는 것이었다.

셋집의 기한이 다 되어 이사 갈 곳을 걱정하는 웨이안과 그 딸의 기도하는 모습을 보고 리즈는 기발한 계획을 세운다.

얼마 있으면 다가올 자기의 생일을 기억하며 그녀는 미국에 있는 친척과 친구들에게 이메일을 보낸다.

웨이안의 사정을 이야기하고 자기 생일파티에 가져올 작은 선물 대신 조금씩의 후원금을 보내주면 자기가 갖고 있는 돈을 모금액의 두 배로 보태어 이 갈 곳 없는 발리의 소녀들과 한 여인이 걱정 없이 살 수 있는 보금자리를 마련하도록 하겠다는 것이었다.

놀라운 금액이 놀라운 속도로 빨리 모금된다.

웨이안과 세 소녀들에게 기적이 일어난 것이다.

꿈도 꿀 수 없었던 돈이 손에 쥐어지게 되고 꿈 속에서나 소망했던 파란 타일이 깔린 예쁜 가게를 얻게 된 것이다.

그들의 인생에 그런 길이 열리리라고는 상상도 못했던 일이다.

생계의 두려움이 있었음에도 길거리 소녀들을 돌보는 웨이안의 사랑과 그 딸의 천진한 꿈이 이루어낸 기적이라고 할 수 있다.

리즈는 또 웨이안의 간절한 기도 덕분에 진정으로 사랑하는 사람을 그곳에서 만나게 된다.

이별의 아픔 때문에 다시는 사랑할 수 없으리라고 생각했던 리즈였지만 지금까지와는 전혀 다른, 따뜻하고 깊은 사랑을 가진 남자를 만난다.

생각지 못했던 곳에서 생각지도 못한 사랑을 기적처럼 만난 것이다.

그렇게 인생의 숨어 있는 길은 기적처럼 눈 앞에 나타날 수 있는 것이었다.

자신의 의지와 상관없이 주어진 길이라서 어쩔 수 없이 걸어야 한다고 생각하며 터벅터벅 피곤한 발걸음으로 살아있음을 연명해가는 사람들에게 리즈 길버트의 책이 주는 메시지는 의미가 큰 것 같다.

서 있는 자리에서 떠나면서 어려움을 겪으며 낯선 길로 들어서고 또 상처입고 할지라도 꿈을 가지고 다시 새로운 길로 나서면 상실 뿐인 것 같은 인생에도 의미가 입혀진다.

리즈의 책은 상처난 길마다 돌아보면 모든 과정이 사랑이었음을 일깨워준다.

그리고 그 과정은 숨겨진 축복으로의 회로를 위해 마련되었던 사랑의 비바람이었음을 알게 해준다.

망고 맛이 그리운 것은

망고 맛을 그리워하는 사람이 있다면 그 사람은 언제 어디선가 망고 맛을 보았던 사람임에 틀림없다.

망고를 직접 먹어보고 그것이 맛있었던 기억이 있기에 훗날 어디에 있든 그 맛이 그리워질 것이다.

뭇사람들이 고향을 그리워하는 것도 과거 어느 시점, 고향에 살던 때가 있었고 그 고향에서의 추억, 즉 어머니의 따뜻한 품, 어린 시절 같이 놀던 동무들의 다정함, 그 시절 고향에서 먹던 음식들, 어머니의 손맛, 골목길에서의 갖가지 재미있던 놀이들, 그런 실제의 것들이 기억에 간직되어 있기에 고향을 그리워하는 것이리라.

그와 같단다.

우리 모두가 평화를 그리워하고 사랑을 갈구하고 행복을 추구하는 것은 우리가 언젠가 그것들을 누렸었던 기억이 있기 때문이란다.

인간이 영혼세계와 육체의 세계를 오가며 끊임없이 생

명을 이어가며 환생한다고 믿는 사람들의 이야기다.

영혼세계에서 누렸던 그 평화와 사랑과 기쁨이 기억의 어딘가에 있기에 그 맛을 그리워하는 것이란다.

과연 그럴듯하기도 하다. 이 지상에서는 육체를 가지고 살아가야하는 삶이기에 대부분의 고통이 육체에 기인한다.

육체가 있기에 먹어야 되고, 입어야 되고, 주거지가 필요하다.

그런 것들이 부족할 때 근본적인 고통이 생긴다.

육체의 부분들이 연약해지고 병들 수 있기에 또한 고통이 생긴다.

살펴보면 어린이서부터 노인에 이르기까지 고생 아닌 인생이 없어 보인다.

경쟁하고 투쟁하면서 젊은 시절을 다 보내고 자식 뒷바라지 하느라고 고생 고생하다가 노년에는 여기 저기 아프고, 확실한 사실 하나는 육체의 생명은 흙으로 돌아가야 한다는 것이고 영혼은 어디로 가는 것인지 알 수 없고 인생의 의문들을 파고 들어가다 보면 아, 정말 돌아갈 그리운 고향, 따스한 어머니의 향취가 있는 그곳으로 갈 수 있다는 보장이 분명히 있다면 얼마나 좋을까 하는 생각을 하게 된다.

경쟁과 갈등과 투쟁의 복잡함을 벗어나 진정 자유로울 수 있는 곳, 푸근히 쉴 수 있는 평화로운 그런 곳을 꿈꾼다는 것은 내 영혼이 언젠가 그런 곳의 맛을 본 기억 때문이라는 말을 믿고 싶다.

무경계

그녀에게는 세상 어디에도 경계선이 없다.

누구를 만나도 해바라기처럼 웃고 손을 흔들어 반가워한다.

누구라도 껴안기를 좋아하고 낯선 사람에게도 친절한 미소를 아끼지 않는다.

어른, 아이에 대한 구별도, 남자 여자를 따로 인식하여 태도를 달리 하지도 않는다.

붙임성이 좋아 낯선 친구도 금방 사귀고 상대가 아는 척도 않고 무시해도 상처받는 기색도 없다.

그런 여자 아이가 이제 만 여섯 살이 된 내 외손녀다.

처음엔 여러 징후가 다른 아이들과 달라서 자폐증인가 걱정되어 검사도 받았단다.

그러나 다행히 전혀 걱정할 문제가 아니라는 검사결과를 받았단다.

내가 볼 때는 저대로 클 수 있다면 참 행복한 생을 살겠구나라는 생각이 들었다.

그 경계선 없이 해맑은 아이를 무한히 자랑스러워하면서도 한편으로는 또 경계선을 갖도록 가르치지 않으면 안 되는 것이 안타까웠다.

유치원에 가서 남자아이는 껴안지 말라는 둥, 아무리 반가워도 상대방이 좋아하지 않으면 두 번 세 번 반복해서 인사하지 말라는 둥 엄마 아빠가 아닌 어른들한테는 이것 저것 성가시게 묻지 말라는 둥 그애에게 가르치는 것들을 객관적으로 살펴보자면 역시 모두가 그 애의 의식 속에 경계선을 그어주는 교육이었다.

물론 세상을 살아가기 위해 필요한 교육이었다.

사실 인간 모두가 날 때부터 무슨 경계선을 갖고 태어났겠는가? 순수 무구한 마음에 이런 저런 경계선을 그어주는 것이 소위 교육이라는 이름으로 시작되어 무한히 자유로울 수 있는 영혼들을 부자유하게 만들어 가는 것을 나는 조금 거리를 둔 할머니의 눈으로 보고 있었다.

딸이 아파서 손자 손녀를 돌보게 되면서 나는 내가 저질렀을 지난 날의 교육의 오류를 객관적으로 돌아볼 수 있었다.

어느 날, 돌잡이 손자를 유모차에 태우고 공원에 가는

길이었다.

유모차 안에 앉아 있던 아이가 갑자기 무슨 소리를 내며 손을 뻗친다.

주위를 돌아보니 커다란 개 한 마리가 다가오고 있었다.

크고 새까맣기까지 해서 얼핏 무섭다는 생각이 들었다.

그러나 아이는 조금도 무서워하는 기색 없이 손을 뻗어 개를 만질 기세다.

나는 아이가 손을 대지 못하도록 몸으로 개를 막아 섰다.

개 주인은 웃으며 순한 개라서 괜찮다고 한다.

개든 뭐든 밖에서 다른 생물체와 접촉이 없었던 아이는 모든 생명체나 사물에 경계가 없다.

경계가 없으니 자연 두려움도 있을 리 없다.

그 개가 험한 행동으로 무슨 일을 행할 지도 모르면서 조금의 머뭇거림도 없이 다가서는 것이었다.

우리는 언제부터 왜 자신과 다른 대상에 두려움을 갖게 되었을까?

어느 날은 유치원 다니는 손녀 편에 유치원 근처에 바바리맨이 나타나니 아이들에게 경계시키라는 가정통신문이 왔다.

아이 부모는 아이를 불러놓고 심각하게 주의를 준다.

세상엔 나쁜 사람들이 있으니 낯선 사람 아무에게나 다가서지 말고 아는 사람이 아니면 불러도 모른 척하라는 주의다.

아이의 머릿 속에 자리 잡을 두려움이 보이는 듯 안타깝기 짝이 없었다.

아무에게나 만나는 사람마다 방긋 웃으며 인사하고 위험한 데서도 자신 있게 뛰어내리고 어렵게 보이는 일에도 덥석 달려들어 해보겠다고 하는 아이의 마음 속에 점점 그물망처럼 퍼져서 그를 억압할 두려움의 그림자가 느껴져서 안타깝지만 세상을 안전하게 살아가기 위해 필요한 교육이니 안타까워도 어쩔 수는 없다.

손자 손녀를 돌보면서 나 역시 "조심해라, 위험해!"

"그건 만지면 안돼!"

"그렇게 하면 큰일 나!" 등등의 말들을 수시로 하게 된다.

그런 소리를 해놓고 나 역시 아이들에게 두려움만 가르치는구나 싶어 피식 웃게 된다.

내 어머니로부터 들어온, 귀에 익어버린 소리를 나도 반복하고 있는 것이다.

두려움은 그렇게 대대로 물려 내려온 것이던가.

겨울 신경통

"주사를 맞고 약을 먹는데도 왜 이눔의 신경통은 썩 낫지 않는다냐?"

어머님은 파스를 계속 갈아 붙이시며 썩 나아지지 않는 신경통을 나무라셨다.

"평생을 혹사시켰으니까 그렇죠.

이젠 낫는다는 생각은 그만 버리세요."

자식들의 말에 어머님은 못내 섭섭하신 표정이셨다.

뼈마디는 쓴 만큼 닳고 닳아 연골이 엷어진 곳에 통증의 바람이 파고들어 육신을 흔들며 다그치는 것 같았다.

아픔으로 다그치는 소리, 그것은 이제 육신에의 연민을 거두고 허물어지는 육신에 갇힌 영혼의 길을 준비하라는 소리인지도 모른다.

고통은 결산을 위해, 회개를 위해 마련된 역설의 사랑인줄을, 고통 중에는 아픔에만 매여서 그 소리를 잘 들을 수가 없다.

야단을 치거나 을박질러도 소용이 없는 신경통, 회개할 일도 별로 없던 착한 어머님은 영문도 모르는 그 아픔이 날마다 원망스러우셨다.

통증은 더 기승을 부리고 약으로도, 주사로도 안 되어 어느 날 어머님은 딸이 사온 전기 찜질기를 꽂고 주무시다 그만 화상을 입어 말할 수 없는 고통을 보태셨다.

물집이 부풀어 오른 곳에 약을 발라드리며 인간의 육체가 얼마나 연약하고 또 얼마나 질긴 것인가 싶어 엉엉 울었다.

뼈마디의 고통 중에 가신 어머님, 지금은 가을 귀뚜라미 소리로 우리에게 말씀하심을 듣는다.

"뼈마디가 아플 때엔 자신의 영혼을 돌아 보거라"

해바라기

햇빛이 좀 난다 싶으면 온통 벗어제치고 해바라기를 하는 모습은 백인의 나라에서나 볼 수 있는, 조금은 진기한 풍경이다.

우리는 햇살이 따끈하게 비치면 모자나 양산을 찾아 써야 거리에 나서게 되는데 백인들은 어떻게 하면 햇살에 온 몸을 소독하고 또 가무잡잡하게 태울 수 있을까를 열망하는 사람들 같아 보인다.

여름이 오기 전, 아직도 바람은 때로 선선해서 긴팔 브라우스를 입어야 체온 유지가 되는 날씨인데도 백인 나라 사람들은 소매 없는 옷으로도 부족하여 소매 대신 끈만 달린 티셔츠를 입고 배꼽도 다 나오는 브라 같은 상의만을 입고 거리를 활보한다.

캠퍼스 잔디밭에는 아예 윗옷은 다 벗고 뒹구는 젊은이들도 흔하게 눈에 띈다.

하나님이 사람을 구워 만들 때 흑인종은 너무 태웠고

백인종은 굽다 말았고 황인종만 적당히 잘 구워 만든게 아니냐는 우스개 삼아 하는 말이 있다.

그래서 백인종은 좀 덜 구워진 부분을 보충하려는 욕구들이 있는 것일까.

몹시도 햇빛을 사랑하는 사람들이라는 인상을 많이 받는다.

자외선 차단제를 바르고 썬그라스를 쓰고도 모자라 양산까지 받쳐 들고 외국의 거리를 걷다 보면 좀 민망할 때도 있다.

엄마와 지나가던 꼬마 아이가 길을 가다 멈추어서 내 양산을 손가락으로 가리키며 궁금해 하는 말에 아이의 엄마가 선채로 뭐라고 설명하는 것을 목도한 적도 있다.

아이에게는 비도 안 오는데 우산 같은 것을 쓰고 가는 내가 이상하게 보였으리라.

거리 곳곳의 벤치에서 햇빛에 몸을 드러내고 햇살을 즐기고 있는 모습은 한결같이 평화스러워 보인다.

그들이라고 모두 마음이 평안하지는 않으련만 햇빛 속에 있는 그 때만큼은 아무 걱정도 없는 듯 평온해 보이는 것이다.

햇살과 어우러진 그 모습들은 아름다워 보이기까지 한다.

태양을 사모하는 마음 속에 무슨 사악함이 있으며 불평이 있겠는가 싶은 생각도 든다.

빛을 그리워하는 마음은 모든 생명 있는 것들의 공통된 성향일 것이다.

식물들도 햇빛이 비쳐오는 쪽으로 가녀린 가지를 한껏 뻗어 그 쪽으로만 목을 길게 빼는 모습을 보이지 않던가. 그러면 그 쪽으로 향한 가지는 무럭무럭 자라고 토실토실해지는 것을 보게 된다.

햇빛의 흡수는 기적같이 생명을 살찌운다.

햇빛이 반짝 드는 곳에는 썩음도 없고 벌레도 끼지 않고 냄새도 없다.

벌레와 부패와 온갖 고약한 냄새가 고이는 곳은 햇빛이 없는 곳이다.

마음이 그늘지고 우울해지면 온갖 부정적인 생각들이 모여 냄새나게 되고 벌레가 우글거리듯 불평이 부글거리며 원망과 미움이 싹튼다.

햇빛이 들기까지는 독버섯처럼 나쁜 생각들만 자란다.

그 때 햇살같이 비쳐드는 위안의 말 한마디, 햇살 같은 환한 미소, 따뜻한 포옹, 그런 것이 얼마나 그립던가.

그 한줄기의 햇살에 말라버리는 눈물, 죽어버리는 마음

의 병균, 그런 마음의 작용을 누구나 경험해본 적이 있으리라.

유난히 비가 많이 와서 일조량이 부족해지면 우울증 환자가 급증한단다. 일조량이 부족하면 과일 농사만 망치는 것이 아니라 인간 세계의 행복지수가 쑤욱 내려간단다.

한나절의 햇빛도 아까워서 하던 일 멈추고 옷을 벗어젖힌 채 해바라기를 하는 사람들을 보면 모든 생명 있는 것들이 갖고 있는 태양에의 연정이 눈물겹게 생각된다.

지상에 살아 있는 한, 버리지 못하는 빛에의 그 영원한 열망과 동경, 그것이 육체적인 것만이 아니라 정신적으로도 작용되는 것이어야 하리라고 생각해본다.

육체의 건강을 위해서만이 아니라 정신의 위안을 찾아서도 태양의 빛을 사모하고 추구하기를 바래보는 것이다.

햇살 환한 거리에 서서 하나님을 믿으라고 외치는 사람도 다시 쳐다보게 된다.

도심의 사람들은 하늘에서 내리쬐는 햇살에도 무관심하고 그런 외침에도 무관심하게 스쳐지나갈 뿐이다.

유럽을 여행하다 보면 수세기 전에 지어졌다는 웅장하고 아름다운 교회당 건물들을 많이 보게 된다.

여행 안내원들은 한결같이 그 웅장한 성당이나 교회건물들이 텅텅 비어가고 있다고 말한다.

그 아름다운 건물들엔 관광객들만 많고 그 앞 잔디밭엔 별 바라기를 하는 인파들만 북적인다.

영혼의 빛은 잃어가고 육신의 따스함에만 탐닉하는 인간 세계의 모습을 태양은 어떻게 바라보고 있을까나.

응시의 시간

평온한 일상을 살다가 갑자기, 정말 예기치도 않게 삼십초 안에 모든 것이 폭싹 무너져 내리고 무너진 것들의 잔해를 비집고 간신히 목숨을 건지게 된다면, 잿더미 위로 기어올라 하늘을 바라보며 무엇을 가장 먼저 생각하게 될까?

사랑하는 이들도 모두 잃고 허허벌판에 빈손으로 앉아 신을 우러러 무슨 말을 하게 될까?

직접 당해 보지 않고는 감히 짐작조차 하기 쉽지 않다.

이웃에서 당하는 대홍수나 대지진의 참상을 매스컴을 통해 보면서 직접 겪고 있는 당사자들의 심정에 가닿아 보려고 해 본다.

더 이상 아무 것도 잃을 것이 없을 정도의 그 밑바닥 고통의 심연에서 삶은 어떤 의미로 다가올 것인가.

이제부터 어떻게 살아야 하나 하는 그 막막함 위에 또 어떤 생각이 들려나.

인생에 잔뜩 기대를 걸고 열심히 살아가다가 갑자기 그렇게 주저앉혀지면 인생에서 우리가 쌓아올리려고 했던 것들은 이렇게 하루 아침에 무로 돌아갈 수밖에 없는 것이라는 참혹한 깨달음과 동시에 인생은 과연 우리에게 기대하는 것이 무엇인가 하는 통렬한 물음에 대한 답을 얻을 수 있을 것인가.

인생이 상황의 고통 속에 숨겨진 더 깊은 진실을 위해 사는 것이라면 과연 그 용광로 같은 고통 속에 항복시켜야 할 것이 무엇인지, 그 잿더미에서 다시 파내기 시작해야 하는 것이 무엇인지가 과연 명확히 드러날까?

그 때 만일 기적같은 것을 체험한다면 단순히 다시 육신이 살게 되었다는 것 말고 무엇을 보상으로 받게 되는 것일지 생각해본다.

아주 오래 전 집 뒤로 큰 시내가 흐르던 둑방 밑 동네에 살던 때였다.

밤새 여름 장마가 장대같이 쏟아지던 날 새벽녘이었다.

“둑이 터져요! 모두 일어나 대피해요!”

누군가 대문을 흔들며 다급하게 외치는 소리에 놀라 잠에서 깨어났다.

허둥대며 옷도 채 입지 않았는데 전기까지 나가 사위

는 캄캄해졌다.

'무엇을 가지고 나가야 하나?'

머릿 속이 하얄 뿐 무엇이 내게 가장 소중한 것인지 갈피 잡을 수 없어 하다가 아무 것도 손에 챙겨들지 못하고 그냥 정신없이 집을 빠져나오기만 했던 기억이다.

그 이후, 삶에 대해 아무 것도 정리해 놓은 것이 없었음을 돌아보며 정신 차리고 살자 해놓고는 별일이 없었기에 또 여전한 일상에 매몰되어 안일하게 살아간다.

그렇게 분주히 외적 생활에 빠져 돌아가다가 쿵! 하고 세계 여기저기서 안일을 일깨우는 소리가 들려오면 비로소 외부로만 돌아가던 눈을 안으로 불러들인다.

'살아있음의 기쁨' 또는 '살아있음의 느낌' 을 진정으로 누리지 못했음을 돌이킨다.

모든 것이 불타버리고 모든 것이 잿더미로 돌아가도 진정 '살아있음의 의미' 가 남아있음을 감사하는 순간이 귀하고 귀할 터이다.

쓰나미나 지진 같은 날벼락이 언제고 달려들 채비를 하고 있는 세상에서 안락함과 안전을 성공의 범주로 여기는 한, 자신의 노력의 의지와 상관없이 이 세상에서 느닷없이 완전한 실패에 맞닥뜨릴 수도 있다는 사고에의 위험성은 점점 커져가고 있다.

모든 것이 재로 돌아가도 살아온 만큼은 유의미했다고 할 수 있는 그 어떤 것을 가지고 있는지 곰곰이 성찰해볼 일이다.

내적 응시의 시간을 갖지 못하고 분주히 외적 생활에만 빠져 무언가를 쌓기에 바빴던 삶의 의미를 따져봐야 될 것 같다.

'살아있음'에 감사하기 보다는 '살아가기만'를 쫓느라고 허둥대는 태도를 돌아보게 되는 것은 혹심히 깨지고 있는 이웃들에게서 받는 선물이다.

그러니 그 선물의 보답으로 그들의 아픔에 어떤 식으로든 동참해야 함도 챙겨야 할 마음이다.

순수한 순간들

불우한 환경과 역경을 이겨내고 과거를 돌아보는 사람들에게 가장 행복했던 순간은 언제였냐고 물을 경우 그에 대한 답이 예상을 벗어나는 때가 있다.

어찌어찌해서 가까스로 어려움에서 벗어났을 때나 소위 성공이나 성취의 정점에서 행복을 느꼈다고 말하지 않는다.

어려웠던 어느 순간, 하늘을 보고, 나무를 보고, 날아가는 새를 보고 그들과 자기가 하나라는 느낌을 받았을 때, 이유모를 행복감이 전신을 감싸오더라는 이야기를 듣기도 했다.

혼자 석양을 바라보고 있었을 때, 갑자기 온 주위가 고요해지고 세상과 자신이 하나로 녹아드는 듯한 그런 순간 값으로 살 수 없을 행복의 파도가 가슴 속으로 밀려들었다고 말하기도 한다.

세상에서 맡은 자기의 역할, 지위, 성공, 이 모든 것을 떠나 온전히 자기 자신의 순수함을 느끼는 순간, 그때가 진짜 존재하는 순간이었으며 행복한 순간이었단다.

헤밍웨이의 소설, 『노인과 바다』의 주인공 어부, 산티아고 할아버지가 떠오른다.

그는 84일간이나 고기를 한 마리도 잡지 못해 끼니조차 동네의 어린 소년의 도움을 받아 해결해야 하는 가난하고 불운한 노인이었다.

85일째 바다에 나가 고기를 뒤쫓으며 바람과 파도와 바다제비와 흰구름을 보면서 그것들 모두를 친구라고 부른다.

비록 먹을 것이 없어도 모든게 생명의 연결망으로 이어져 있음을 이야기해주는 노어부의 속삭임 속에서 인간의 순수함을 강하게 느낀 적이 있다.

자기가 끌고 간 배보다도 더 큰 고기를 낚아 올리기 위해 온 힘을 다하는 과정도 고통과 긴장의 연속이었지만 그 고기를 낚아서 돌아오는 도중 상어떼의 습격으로 힘들여 잡은 고기를 다 상어에게 빼앗기는 과정은 더욱 고통스럽다.

아무 소득 없이 빈 손으로 돌아온 후, 지쳐 쓰러져서 사자꿈을 꾸며 잠든 노인의 머릿맡에서 눈물 그렁이며 따뜻한 커피를 들고 지켜보는 소년에게서 인간의 지극한 순수함을 느낀다.

우리의 인생의 의미를 단순한 구조의 소설 속에서 간명하게 보여주는 작가의 통찰에 감탄을 금할 수 없었다.

인생은 비록 바다에 나가 고군분투해야 하는 고난의 연속이라 해도 자연과 친구가 되고, 소년과 노인이 서로를 의지하며 하나가 될 때, 우리는 사랑의 순수함 속에서 결코 패배하지 않는 사자와 같은 힘을 얻는다는 깨우침을 새기게 된다.

가슴 속의 허공

누구나 사람에게는 그 가슴 속에 신의 크기만한 구멍이 있단다.

그 공간을 메우기 위해 물건을 사들여 채우려 하고 다른 사람의 사랑을 얻어 채우려 하고, 또는 음식으로, 인간관계로, 자신이 목표한 성공으로, 온갖 밖의 것들로 그 빈 곳을 메우려고 일생을 분투하게 된단다.

그러나 그 빈 터는 안타깝게도 밖에서 얻을 수 있는 어떤 것으로도 채울 수 없는 구멍임을 까맣게 모르고 평생 헛수고만 하는 경우가 많다는 것이다.

안에 있는 그 구멍은 안으로부터의 것으로만 채울 수 있는 것이란다.

안으로부터의 것이란 무엇일까? 우리 내면에 무엇이 있기나 한 것일까? 깊이 들여다 보면 심연같은 침묵이 있다.

침묵으로 그 구멍은 메워질 수 있을까? 그래서 명상을

해본다.

깊은 우물 속 안 같은 내면의 침묵에 잠겨 있어보면 의외로 그 심연 속에 힘이 있음을 느끼게 된다.

두레박질을 하듯 그 속의 힘을 끌어당겨본다.

그렇게 찾으려던 평화가 거기 있음을 알게 된다.

그렇게 갈구하던 사랑도 거기 있음을 발견한다.

밖의 조건들이 충족되어야 올 것으로 믿었던 기쁨도 이미 거기 있음을 깨우치게 된다.

행복은 밖의 조건들이 채워져야 오는 것이 아니라는 말들을 많이 한다.

그리 알고 있어도 밖의 것들을 끌어오기 위해서 몸부림치는 것이 인생이다.

아무리 해도 가슴 속에 신의 크기만 하게 자리하고 있는 구멍은 밖의 것들로 메워질 수 없다.

아담과 이브의 죄는 외부의 것에 눈을 돌렸다는 데에 있었다.

눈앞에 보이는 사과에 현혹되어 그 금단의 열매를 먹은 것이다.

그 결과로 이브는 생산의 고통을 겪어야 했고 아담에게는 이마에 땀이 흐르도록 수고하여야 먹을 것을 얻는 고난의 인생이 시작되었다.

밖의 것의 유혹에 넘겨진 인간의 끝없는 고통이 시작되었던 것이다.

일생 밖을 헤메어 다녀도 가슴 속의 허공을 채울 그 어떤 것도 찾을 수 없는 운명이 그들로부터 시작되었던 것이다.

사랑도 그 누구로부터 받아야 되겠다는 생각을 하면 그 갈증이 결코 해갈되지 않는단다.

사랑받으려는 쪽에 서겠다는 것은 결코 만족할 수 없는 곳에 서겠다는 것이란다.

그렇지 않던가? 기분이 좋은 건 사랑받을 때보다 오히려 사랑하고 있을 때였던 것 같다.

내 안으로부터 길어 올려져서 밖을 풍요롭게 할 때 나 역시 풍요로워지던 것을 기억한다.

그래서 이제 나는 잊어버리고 싶지 않다.

내면에 이미 장착되어진 사랑, 기쁨, 평화를 끌어 올려 한껏 채우면 가슴 속, 신의 크기만한 공간이 메워진다는 것을….

돌고 도는 세상

어린 시절 살던 집은 냇둑 밑에 있었다.

냇둑 마을에선 흘러가는 세월의 모습이 잘 보였던 것 같다.

섭리가 여일하듯 언제나 오고 가는 표정은 같은 것처럼 보였지만 매번 시간의 떠남은 이별의 섭섭함을 주곤 했다.

봄이면 둑 위에 꽃다지와 제비꽃이 피어났다 사라지고 여름엔 망초꽃이 하얗게 손흔들고 가을엔 노오랗게 물든 미류나무 잎사귀들이 나비처럼 팔랑팔랑 떨어져 내리곤 했다.

겨울엔 한 해의 시간을 태우듯 마른 풀들을 태우는 불길이 또 그렇게 불 바람으로 타오르곤 했다.

늘 여일하게 보이던 그 세월의 길 속을 걷는 사람들의 발걸음이 그리 고단하리라곤 어린 시절엔 잘 알 수 없었다.

냇둑 너머의 하늘에는 늘 평화가 흐르고 있었으니까….

강 같은 너른 시냇물 위로는 언제나 하얀 구름이 흐르

던가 황새나 기러기같은 새들이 바람따라 가곤 했다.

그러나 한편으론 평화대신 내 앞을 떠나가는 것들에 대한 두려움이 늘 있었던 것 같다.

그러나 내 앞에서 사라져 가버린 듯 했던 제비꽃도, 망초꽃도, 미류나무 잎사귀들도 이듬해엔 어김없이 다시 돌아오곤 했다.

꽃들은 그 자리에 또 피어나고 날아가버린 제비도, 황새도 다시 돌아오는 것을 되풀이 맞으면서도 그 만남은 늘 새롭게 반가웠고 같으면서도 달랐던 것같이 기억된다.

그래서 어린 시절부터도 삶은 어딘가로 끝없이 가는 과정 같지만 같은 곳으로 돌아오는구나 라는 생각이 마음에 자리 잡았는지도 모른다.

저녁 무렵이면 자주 둑길에 올라서 노을을 바라보곤 했다.

해는 언제나 중천에 머물던 때보다 서편 하늘로 막 고개를 넘길 때 더 아름답고 더 처연해보였다.

텅 빈 하늘에 붉은 숨결을 남겨둔 채 해가 사라지고 나면 맞은 편 냇둑 그 너머를 어스름 내릴 때까지 바라보곤 했다.

이 편에 어둠을 남겨두고 저 편의 어느 곳을 밝히기 위해 돌아가는 해의 길을 생각하면서 어둠 속에 고요히 갈아 앉던 그 시간들은 두려움이었으면서 감미로움이었고 불안이었으면서 행복이기도 했다.

그 아득한 것들의 너머에 가닿던 시선 속에 불현듯 잡히던 '영원'이라는 이미지는 내내 내 가슴에 숙제처럼 남는 명제였다.

가버리는 듯하다 다시 돌아오는 것들에 대한 의문, 바람의 길의 그 끝은 어디일까.

해님이 넘어가는 그 곳, 기러기가 날아가는 내 하늘 너머의 다른 세상, 낙엽이 묻혀 사라져가는 그 깊은 곳, 아득히 아름다운 별들의 세계, 그 근원에의 의문과 막연한 두려움과 역설적인 그리움이 내 마음을 키워주었는지도 모른다.

훗날 '영원회귀'라는 우주의 원리를 니체의 책들을 통해 일별하면서 아, 세상은 돌고 돌게 되어있구나 하는 것을 깨우치며 어린 시절부터 마음 속에 잠겨있던 의문들을 다시 꺼내보았다.

유한한 공간에서의 에너지의 무한한 운동은 우주 공간이 닫혀 있으니 운동이 일정 크기의 공간에서의 운동이라면 돌고 도는 반복 운동, 순환운동일 수 밖에 없다는 것이다.

이 순환 운동에서는 과거, 현재, 미래라는 시간의 세 구별이 그 절대적인 의미를 잃는 것, 지나간 과거라고 하지만 그것은 수없이 반복해서 겪게 될 미래가 되고 미래라고 하나 이미 수없이 반복하여 겪은 과거라는 것이다.

존재하는 모든 것은 에너지와 그 운동으로 환원된다니 모든 것에는 시작도 끝도 없는 것이고 에너지는 소모되는 것이 아니고 변화되는 것이라니 그래서 세계는 영원히 스스로 창조하고 영원히 스스로 파괴하는 디오니소스적 세계라는 것을 조금은 알 것도 같다.

아트만 프로젝트

모든 인간의 내면 밑바닥에는 궁극적인 전체가 놓여있단다.

문제는 수많은 사람들이 의식적으로 이 사실을 깨닫지 못하고 있다는 것이다.

그러므로 대부분의 영혼들에게 궁극적인 전체는 타자다.

그러나 그 타자는 인간과 떨어지거나 분리된 적이 없다.

인간 존재의 본성이지만 마치 영혼의 심연 속에 잠들어 있는 것과 같다.

항존하는 이 궁극적인 전체를 아트만, 불성, 도, 영, 의식(초의식), 신이라고도 부른다.

각 개인은 진정한 초월, 아트만 의식, 궁극적인 전체를 원하지만 분리된 자아의 상실, 고립된 에고의 죽음을 무엇보다 두려워한다.

전체를 원하지만 두려워하면서 전체에 저항하는 것이다.

전체가 된다는 것은 자신의 분리된 자아의 죽음을 수반하기 때문이다.

분리된 자아 감각의 죽음을 인정하려 하지 않기 때문에 실제로는 그것을 막고 상징적인 대체물을 강요하는 방식으로 초월을 추구하는데 힘쓴다.

이 대체물은 돈, 성, 음식, 명성, 권력, 지식, 친구, 자식 등이지만 이런 것들은 진정한 해방을 대체하는 대체물들일 뿐이다.

인간의 욕망은 죽을 때까지 완전 채워짐을 이룰 수 없단다.

그리고는 자신의 에고를 아트만과 바꾼다.

그 다음에 초시간적 전체를 발견하는 대신 영원히 살고 싶은 소망을 추구하고 신과 하나가 되는 대신 스스로 신 노릇을 하고 싶어한다.

이런 아트만 의식을 되찾으려는 시도를 아트만 프로젝트라 한다.

내면적 자아는 궁극적 전체를 발견할 때까지 죽음의 그림자, 그 불안을 지우지 못한다.

삶, 권력, 쾌락 등, 자기 영속화, 더 많은 삶을 소유하려는 욕망, 모든 것을 소유하려는 욕망, 우주 중심적으로 되려는 욕망은 사실상 "하나가 모든 것"이라는 올바른 직관에 기초한 것이긴 하다.

그러나 하나가 모두라는 직관을 분리된 자아에 적용하면, 그 직관은 개인적으로 모든 것을 소유하려는 욕망으로 왜곡된다.

모든 것이 되는 대신 모든 것을 소유하길 갈망하게 되는 것이다.

상대가 없으면 죽을 것 같은 로맨스도 사실은 전체와 하나가 되고 싶은 갈망의 대체물일 뿐이란다.

이 세상 노래의 팔할 이상이 사랑타령인 이유가 여기 있는 듯하다.

모든 상처에 감사를 

프랑스 시인 A, 랭보는 이 세상에 "상처 없는 영혼 어디 있으랴"고 노래했다지만 영혼만이 아니라 자신의 몸에 단 하나의 상흔도 없이 사는 사람이 있을까?

얼마 전 왼쪽 발에 통증이 있어 가벼운 시술을 하게 되었다.

퇴원 후 시술한 자리에 상흔이 없어진다는 팻치를 붙였더니 몇 주일 새에 지렁이 형상처럼 패인 자국이 거짓말처럼 희미해져갔다.

상처가 아물고 그 흔적까지 희미해져가니까 이제는 쑤시고 아프던 기억까지 가물가물해진다.

발의 상처는 한 달도 안 되어 희미해져 가는데 사십여 년 전에 그냥 방치했던 손목의 흉터는 지금도 없어지지 않고 이따끔씩 그 때의 아픔을 상기시킨다.

어쩌다가라도 그 흉터가 눈에 띄면 살림살이가 서툴러 손목을 다친 그 시점부터 결혼 생활의 어려웠던 기억들이

줄줄이 고개를 내밀곤 한다.

무릇 몸에 난 상처와 그 흉터가 좋은 추억을 불러일으킬 것이야 아니지만 추억의 꼬리를 붙들고 빠져들다 보면 어떤 경우에는 상처의 흔적조차 소중하게 여겨지는 때도 있다.

몸에 남아 있는 흉터, 그것이 고통을 다시 반추케 하는 적이라면 그것이 눈에 뜨일 때마다 매번 마음으로 아파할 일도 있을 것이다.

이미 아물고 지나가버린 일이기에 흔적에 의미를 두고 고통스러워하는 일이야 어리석기 짝이 없는 일이겠으나 마음은 상처를 잘 잊지 못한다.

이미 흘러간 역사 속에서 읽혀지는 고통이 현재까지 아프게 하지는 말아야 하는데 누구나 과거를 칼로 무를 자르듯이 명료하게 잘라내지 못하는 것이 문제다.

마음의 생채기는 아문 후에라도 어떤 계기가 되어 돌아보면 다시 새삼스럽게 피가 나는 듯 생생하기만 하다.

시술한 발의 상처를 매만지면서 긴 세월 동안 그 세월의 바람이 할퀴고 간 상처들을 생각해보게 되었다.

바람처럼 보이지 않는데도 마음엔 가시 박힌 자국도 있고 예리한 칼에 베인 듯한 자국도 있다.

그런데 그렇게 쑤셔졌던 과거의 상처들 주변을 가만히 살펴보면 그곳은 더 반들반들하고 단단한 살로 채워져 있음을 보게 된다.

어느 시인의 싯구처럼 대추 한 알이 익는데도 따가운 햇살 한 줌과 비와 바람 몇 줄기가 필요하듯, 우리 인생이 따가운 상처 하나 없이 어떻게 영글 수 있겠는가.

몸에 있건 마음에 있건 크고 작은 상처의 흔적들은 그저 무의미한 아픔의 흔적에 그치는 것만은 아니라는 생각이 든다.

내 몸과 마음에 아직도 남아 있는 고통의 잔재들을 보면 나는 또 얼마나 다른 사람의 가슴에 지워지지 않는 아픔의 흔적들을 남겼을까 하는 마음이 든다.

세상의 길은 실제는 보이지 않는 양자적 연결에 의해 유지된다는데, 그래서 보내고 받는 마음들이 결국 분리된 것이 아니라 하나라는데 그렇다면 내가 받은 상처만 아파하고 있을 것이 아닐 것 같다.

내가 준 상처는 어디서 아직도 그 흔적이 남아 그 누군가의 마음을 불편하게 하고 있을지 모르기 때문이다.

지난 시간들 속에는 "그런 말은 하지 말걸, 왜 그랬을까?" 하는 순간들이 적지 않다.

세월이 흘러도 돌이킬수록 가슴이 쓰리고, 달려가 지울

수만 있다면 지우고 싶은 실수의 순간들, 거기에는 내 말로 인하여 상처 입은 사람들이 반드시 있을 터이기에 더욱 안타깝기만 하다.

찾아낼 수만 있다면 일일이 찾아가 흔적조차 없어지는 사랑의 팻치를 붙여주고 싶다.

미국의 정신의학자 브라이언 와이즈 박사는 최면요법을 통해 자신의 환자들로 하여금 전생체험을 하도록 유도함으로써 난치병을 치료한 많은 사례들을 자신의 저서에 소개하고 있다.

예컨대 태어날 때부터 어깨에 이상한 상흔이 있고 그로 인해 모진 고통을 호소하던 환자를 최면요법을 통해 전생의 기억으로 유도하자 그 상흔이 노예 시절에 채찍으로 맞은 흔적임이 밝혀지고 전생체험을 마치자 그토록 오랫동안 지속되어 온 고통이 거짓말처럼 사라졌다는 이야기 같은 것이다.

이번의 생애에서가 아닌, 몇 생애 이전의 고통까지 현생의 몸에 지문처럼 남을 수도 있다니, 참으로 믿기 어려운 이야기들이지만 의학 박사의 실제 임상 사례라니 믿지 않을 수 없다.

미국만이 아니라 우리나라 의과대학 가운데서도 신경

정신과의 경우에는 〈최면의학〉이 정규과목에 포함된 대학이 여럿이라니 단순한 흥밋거리만은 아닌 듯하다.

이렇게 본다면 그저 전생의 기억을 되살리는 것만으로도 치유가 된다는 사실이 마냥 신비하기만 하다.

용서로 마무리하지 못한 빚을 몇 생애 후에라도 갚으며 이제 다 지나간 것이니 안심해도 된다는 메시지를 받아들인다는 이치일까?

거기까진 아니더라도 내 손목의 흉터를 보며 사십여년 전으로 돌아가 꼬리를 무는 생각들 속에서 문득 "이젠 괜찮지? 다 지나가는거야" 라고 혼잣말을 해본다.

어쩌면 흔적도 없이 사라져버린 것보다는 어렴풋이 남아서라도 어떤 아픔이건 "모든 것은 다 지나가는 것이로구나. 그 상처가 나를 키운 것이로구나" 하는 마음을 갖게 해주니 흉터 또한 고마운 것이 아닐 수 없다.

몸이든 마음이든 상처 입은 후의 단단해짐을 '자아 탄력성' 이라 한단다.

더 강하게 앞으로 나아갈 수 있는 마음의 탄력을 얻게 되었음을 상처를 보며 확인한다.

어느 날, 남편의 팔을 보고 깜짝 놀란 적이 있다.

손톱으로 할퀸 것같은 상처가 여기저기 낙서처럼 그의

팔뚝을 어지럽히고 있어서였다.

"아니? 누가 보면 사나운 마누라가 손톱 세우고 달려든 줄 알겠네! 뭐야 이게 다?"

아쉽게도 상처에 대한 염려보다 자기 방어가 우선인 질문이 앞서긴 했지만 상처의 연유는 그가 대답하기도 전에 충분히 짐작가는 것이었다.

테라스 하우스로 이사를 온 후 정원에 심기 시작한 삼십여 그루의 장미를 손질하느라 아침 저녁으로 정원에 머무는 것을 보았어도 장미에 가시가 있다는 사실도 몰랐던 것처럼 새삼스럽게 놀라고 있는 내가 바보같이 느껴지는 순간이었다.

시들어 말라가는 꽃을 정리하고 병든 가지, 웃자란 가지들을 잘라주고, 흑반병 약을 치고, 꽃술을 파고 드는 풍뎅이를 잡아주고, 거름도 주는 등 적지 아니 손길이 가는 일을 혼자 전적으로 감당하느라 팔에 그렇게 많은 상처를 입었던 것을 나는 미처 몰랐던 것이다.

나는 그저 예쁜 자태의 장미꽃을 감상하며 그 아름다움과 향기에만 취해 있었는데 창밖의 장미는 저절로 그렇게 예쁜 모습으로 늘 해맑게 웃고 있었던 것이 아니라 그의 팔에 그려진 다양한 상처와 함께 피어나고 있었던 것이다.

그날 나는 상처 없이 기쁨만을 줄 수 있는 것은 세상에 없음을, 상처가 나를 가르치고 있음을 되새기며 또 다시 감사하지 않을 수 없었다.

지난 모든 날들의 가시에게, 그리고 묵묵히 가시들에 찔리며 색색의 아름다운 장미를 가꿔 내게 기쁨을 준 그에게…

그와 같이 산다는 건

오늘도 그는 나에게 시비를 걸어왔다.

누군가 나에게 좀 섭섭한 말을 했는데 그는 나에게 가만 있으면 안된다고 집요하게 꼬드긴다. 자존심도 없느냐고 계속 나를 흔들어댄다.

결국은 너는 그러면 바보 밖에 안된다는 둥, 나를 편드는 듯 하다가 결국 화가 나게 만들고 만다.

그는 참 나쁘다.

몇 십년을 같이 살았지만 절대로 그의 성질은 변하지 않는다.

그를 향해 늘 저항하면서도 좀체로 그를 이기기가 어렵다.

그는 자주 나를 곤경에 빠뜨리고 비참하게 만들기도 한다.

아주 헤어져 버렸으면 좋겠지만 그럴 수도 없다.

그는 늘 의견이 분명하다. 무엇이건 판단하는 데는 명

수다.

그리고 사람을 불안하게 만드는 데도 명수다.

그리고 사람을 억누르고 쩔쩔 매게 하는 데도 따라올 자가 없다.

이만하면 되겠다 싶은 것에도 나를 쑤석거려 만족하지 못하게 만들고 만다.

나만을 사랑한다고 하는데도 나를 외롭게 만드는데도 명수다.

나를 통제하려들고 제한하려 들기 때문에 도무지 그 앞에서 나는 자유로울 수가 없다.

나를 기쁘게 해주려고는 하나 언제나 짜증만 나게 만든다.

나는 언제나 그로부터 자유로워지기를 꿈꾸고 있다.

나이가 들어가면서 조금씩 나를 통제하려는 힘이 약해지는 것 같기도 하지만 좀처럼 시원하게 풀어줄 기색은 보이지 않는다.

가만히 생각해보니 나는 그에게 평생 붙들려 동거하면서도 진정으로 사랑하지는 못했던 것 같다.

젊어서는 사랑한다고 생각하고 산 것 같지만 점점 사랑할 수 없는 대상이라는 생각이 들면서 그의 존재 자체에 대한 회의에 빠지기도 했다.

그가 지금은 원수같이 느껴지기도 한다.

평생 원수 같은 관계로 이 관계를 계속해나가기는 정말 싫다.

살아있는 한 헤어질 수는 없으니 어떻게 이 원수 관계를 좋은 관계로 회복시킬 것인가가 남은 일생의 숙제다.

이 지긋지긋한 존재는 바로 나의 에고다.

이 존재로부터의 해방이 성숙한 인간이 되는 길이겠지만 그 길을 찾아 걷기가 참 어렵고, 걷기에 참 좁기만 한 길이다.

그러나 잠시 잠시 그 존재로부터의 자유를 누리게 되는 때 찾아오는 행복은 그 어느 것에도 비길 수가 없이 달콤하다.

그 존재가 자리를 비우는 때 느끼는 평화와 기쁨을 좀 더 지속적으로 누릴 수 있다면 외부로부터 오는 어떤 행복의 조건과도 바꾸고 싶을 정도다.

'에고' 이놈 때문에 곤경을 치르고 부끄러움도 당하고 힘들기도 했지만 이 놈 때문에 모난 곳도 둥글어지고 롤러코스터의 재미도 느끼면서 살아왔음을 부인할 수는 없다.

끝까지 포기하지 않고 나만을 사랑한다면서 들러붙어서 나를 흔들겠지만 이제는 최소한 싸움의 방법을 아니까 조금씩 동거함이 그리 불편하지 않았으면 좋겠다.

싸움의 방법이 사실 간단하기는 하다.

그가 내 편인 척하면서 나를 오히려 부추겨 남과 싸우게 하려거나 무엇에고 만족하지 못하게 하려들 때 그놈을 똑바로 응시하는 것이 첫 번 째 병법이다.

네 놈 속셈을 잘 알고 있다고 선언하는 것이 두 번 째 단계일 수 있다.

그리고는 그를 완전히 외면해버리는 것이다.

그가 무슨 감언이설을 늘어놓기 전에 원수를 보고 피하듯이 그를 완전히 무시해버리면 그는 구름이나 그림자였던 양 사라져버린다.

인간의 진정한 가치는 그가 에고로부터 해방된 정도에 의해 결정된다니 이 싸움은 끝까지 가야 할 싸움인 것같다.

불꽃의 추억

나의 소녀 시절을 생각하면 행복은 불꽃의 이미지로 떠오른다.

집의 다른 방들은 연탄 때는 방이었지만 할머니 방만은 부엌의 아궁이에서 불을 직접 때서 덥히는 방이었다.

나는 불 때는 것을 좋아해서 자주 자청해서 할머니 방에 불을 때는 일을 맡았다.

활활 타오르다가 금세 잦아드는 짚을 때기도 하고 때로는 타닥거리며 타는 잔 나무 가지를 때기도 하고 한 번 불붙여 놓으면 오래 타는 장작을 때기도 했다.

연료에 따라 여러 모양으로 연소해 올라가는 불꽃을 보면서 그 아궁이 앞에 앉아있던 순간들 자체가 지극히 행복했던 순간들로 떠오른다.

방구들을 달구며 연기가 되어 사라지는 순간의 연소 과정을 지켜보며 나는 내 안의 여린 생각들도 그 불꽃 속에 제련시키고 있었는지 모른다.

지극히 찬란하고 화려하지만 금방 덧없이 한줌 재로 변해버리고 연기 되어 사라지는 그 허망한 과정은 내게 일찍부터 아름다운 것들의 덧없음을 가르쳐주었던 것도 같다.

불꽃을 붙이자 마자 화르륵 퍼지면서 타오르는 종이와 짚, 마른 잔가지들은 그 수명이 더욱 더 짧고 불꽃의 생명도 지극히 덧없어 까만 숯덩이 하나 남기지 않는다.

그것을 지켜보는 과정 속에서 나는 또한 나도 모르게 사랑의 속성같은 것도 배웠을 것이다.

머리 한 번 쓰다듬어 준 것 때문에 하룻밤 새 어느 선생님을 가슴 저리도록 사랑한다고 생각하기도 했지만 마른 짚이 순간적으로 타오르다가 잦아드는 것처럼 그것은 덧없는 감정의 연소였을 뿐이다.

불을 땐 다음 날 아침, 썰렁한 아궁이를 열고 하얗게 주저앉은 재를 치울 때 나는 무엇을 생각했을까?

그 뜨거웠던 열과 찬연했던 불꽃은 다 어디로 갔는가.

그 오렌지 색의 예쁜 불꽃의 흔적은 왜 우중충한 회색빛일까.

이 재는 다시 흙으로 돌아가 나무로 자라고 다시 어느 날 불꽃이 되려는가.

불꽃의 궁극이 결국은 한 줌 재이듯이 모든 실체의 궁

극은 잿더미일 뿐이련가.

내가 불을 때는 방 안에서 마침 할머니는 색즉시공, 공즉시색하는 반야심경을 자주 외고 계셨다.

그래서였을까.

할머니와 같은 방을 쓰며 사춘기 시절을 보낸 나는 유달리도 생명과 죽음, 실체와 허상, 만물의 근본 따위를 따져 보느라고 내 빈약한 사고의 샘물을 퍼올리며 어리숙한 두레박질을 계속했던 것 같다.

그러나 지금 돌이켜서 곰곰이 생각해본다.

썰렁하게 타버린 재를 치우며 번번히 쓸쓸해하면서도 불꽃 앞에 앉으면 그렇게 행복한 마음이 되던 것을 회상해본다.

너울대는 불꽃 속에 나는 수많은 꿈의 궁전을 짓기도 했고 타는 사랑을 그리기도 했으며 미래의 지도를 수놓기도 했다.

위로만 상승하는 불길은 내 안에 있는 턱 없는 소망의 불씨조차 당겨 상승의 기류를 타고 타오르게 했으며 이상적일 뿐인 것들을 꿈꾸게도 했다.

너울대는 불꽃 속에 삼켜지는 땔감들을 보면서 욕망의

불꽃이 얼마나 무자비하게 실체를 삼킬 수 있는지를 깨닫기에는 물론 아직 어림없는 어린 나이였고 어리석은 머리였다.

아름답고 화려한 불꽃 속에서 환상적 소망만을 동경하는 나이였다.

그것이 좋아서 나는 불 때는 일을 좋아했는지도 모른다.

이제는 그러나 모든 환상적 아름다운 불꽃에 현혹되기보다는 불꽃의 뜨거운 열기로 내 안의 부덕한 것들을 제련할 수 있었으면 하는 소망을 키운다.

내 자리 아닌 자리

내가 서 있는 자리가 결코 편하게 느껴지지 않는 때가 있다.

내가 속해야 할 곳이 아니라는 느낌, 그 느낌 때문에 불편하기 짝이 없는 상황에 처해본 적이 있는 사람이 많을 것이다.

우리 모두에게 자기에게 딱 맞는 자리라는 것이 있을까? 그것이 직업이든 인간관계든, 무엇이든 말이다.

자기에게 맞는다는 느낌을 갖고 있을 수 있는 곳에 존재한다면 그 인생은 성공한 것이라고 말할 수 있을지도 모르겠다.

유명한 미국의 토크쇼 진행자인 오프라 윈프리는 자기가 젊었던 시절 기자로 일했던 때를 회상하면서 그 때 자기는 그 일에 맞지 않았으며 그 자리에 있는 것이 불편했다는 이야기를 한 바 있다.

그 자리가 자기에 맞지 않다고 느끼면서 계속 거기에 머물러 있었다면 오늘 날의 오프라 윈프리는 없었을 것이다.

그러나 아무나 그렇게 자기에게 맞지 않는 자리라고 과감하게 자리를 옮기기는 쉽지 않다.

무엇 때문일까? 두려움 때문일 것이다.

안전한 곳에 그대로 있고 싶은 마음, 변화에 대한 막연한 두려움, 그 때문에 비록 맞지 않는 자리임을 알아도 과감히 떨치고 나서지 못하는 것일게다.

안전에의 욕망은 인간의 기본적인 욕구라니까 말이다.

그런데 요즘에는 적지 않은 사람들이 다니던 직장이 자기에게 맞지 않다고 해서 어느 날 용감하게 사표를 내고 자신의 길을 찾기 위한 모색의 시간으로 여행을 떠난다는 이야기를 듣기도 한다.

어떤 사람은 20여년 다니던 직장에 사표를 내고 무작정 스페인 산티아고 순례 길을 떠났다가 여행길에 사진도 찍고 에세이도 써서 전시를 했는데 그것을 본 사람들의 반응이 좋아 사진작가, 여행 작가가 되어 아주 자유롭게 신나는 제2의 인생을 산단다.

비로소 자기에게 맞는 길을 찾아 인생 2막이 행복하단다.

누구나 그런 기회를 갖을 수 있으면 좋으련만 안전한

자리를 떠날 수 있는 용기가 있어야만 가능한 일이다.

있던 자리를 옮긴다 해도 인생에 큰일은 일어나지 않는다는 그런 믿음이 있다면 좋을텐데 말이다.

저 흙 속에 무슨 일이

스콧틀랜드에서 일년 간 산 적이 있었는데 그곳의 집집마다 현관에 매달려 있던 덩굴 꽃바구니가 어찌나 탐이 나든지 귀국할 때 그 꽃씨들을 구해왔었다.

와서는 봄이 되자 곧바로 가져온 씨앗들을 화분에 심었었다.

흙 속에 묻혀 자취도 없이 침묵하던 그 작고 작은 씨앗들은 며칠이 지나자 어김없이 귀여운 떡잎을 피워 올렸다.

멀고 먼 이국땅에서나 이곳 이 나라의 땅에서나 흙과 공기와 물로 씨앗 속에 잉태되었던 생명이 눈을 틔운다는 것이 새삼 신통하고 신기했다.

파릇하게 돋아난 작은 잎을 들여다 보며 스콧틀랜드에서 보던 그 예쁜 꽃이 피어나기를 손꼽아 기다렸다.

연한 줄기를 덩굴처럼 뻗어 내리고 촘촘히 꽃을 피워 보랏빛 별무더기처럼 보이던 꽃바구니를 연상하며 재촉하듯 날마다 화분을 들여다보았다.

쬐끄맣던 떡잎은 손톱만해지고 다시 엄지 손가락만큼 자라고 덩굴도 제법 뻗기 시작했다.

농가의 대문간에 매달려 지나가는 행인들에게도 인사를 건네던 예쁜 꽃바구니를 아파트에 사는 나는 어디에 매달아야 될까 고심하며 꽃 피기만을 학수고대 기다렸다.

사월이면 필 줄 알았던 꽃은 오월이 다 가도록 피지 않았다.

잎만 무성하게 뻗어내려 커다란 화분을 가득 덮었다.

꽃망울조차 보이지 않는 무성한 잎을 바라보며 여름내 기다리다 결국 꽃 보기를 포기해야 했다.

꽃이 되고자 그 씨앗 속에 숨어 있던 꽃의 분량이 다 잎으로만 가버린 걸까.

꽃으로 피워지게 되어있던 그 요소들은 어디로 다 사라져 버렸단 말인가.

화분 안, 땅 속에서 무슨 일이 있었는지 참으로 궁금하기 짝이 없었다.

다른 토양, 다른 물 때문에 사라져 버린 꽃의 종자가 안타까웠다.

자라나는 아이들을 쳐다보며 그런 생각을 한 적이 있다.

저 아이의 속에 가능성이라는 씨앗으로 숨어있는 재능

들이 꽃으로 피어난다면 무슨 꽃이 될까. 무슨 빛깔일까.

애시 당초 채송화나 봉숭화 씨앗으로 뿌려져 영락없는 채송화나 봉숭화로 피어나는 것이 아니고 무슨 꽃으로 피어날지 모르는 그 무한 기대의 총체인 사람은 얼마나 경이로운 씨앗인가.

그러나 토양이 달라서 애초 씨앗 속에 꽃이 되기로 되어있던 것들조차 어디론가 사라져 버렸듯이 아이들 속에 각기 다른 꽃으로 피워올려질 수 있는 요소들이 충분한 물과 적당한 영양 공급이 없어서 또는 토양이 척박해서 그냥 사라져버릴 수도 있음을 생각해본다.

우리는 보이지 않는 것은 보지 못하고 나무만 못생겼다고 손가락질 하는 때가 얼마나 많은가.

스콧틀랜드에서 시집 온 덩굴꽃은 끝내 꽃을 피우지 못한 채 그대로 잎만 무성하게 우리 집 거실을 지키다가 퇴출되었다.

그러나 한 편 그 옆에서 꺼질 줄 모르는 램프처럼 일년내내 꼬박 거실 한 귀퉁이를 지키는 빨간 꽃이 있다.

인터넷에서 산세베리아를 샀는데 덤으로 끼워준 화분이었기에 처음엔 크게 관심 없이 거실 한 귀퉁이에 놓았었다.

올 때 피어있던 꽃 한 송이가 시들면 그 화분의 생명이 다 할지 모른다는 생각도 했었다.

그러나 산세베리아와 함께 우리 집에 오면서 그 때 피어 있던 빨간 꽃 한 송이가 시들자 그 꽃이 떨어지기 전에 솟아있던 꽃대궁에서 또 한 송이가 촛불처럼 피어올랐다.

그 꽃이 떨어질 무렵엔 또 어김없이 또 다른 대궁에서 꽃의 붉은 잎을 밀어 올린다.

흙도 많지 않은 화분 속의 그 무엇이 저리도 끊임없이 선혈같은 생명을 품어 올리는지 신기하기만 하다.

그 흙 속에 애초에 심겨졌을 작은 씨앗 속에 저렇게나 많은 꽃을 피워 올릴 그 무엇이 잠겨 있었더란 말인가.

그 꽃분이 우리 집에 온지 일년이 훌쩍 넘도록 하루도 꽃을 못 본 날이 없었다.

그것도 꼭 한 송이씩 불침번을 서듯 하나가 퇴장할 무렵 시간 맞추어 교대자가 이어 나타나는 식이다.

이제 더 이상 화분 속에 무엇이 남아있을 성 싶지 않아 물을 주며 기도를 심는다. 기도가 자양이 되어 끊임없이 꽃이 피도록….

한 줌 흙과 공기에도 감사하며 축복의 행진이 계속되도록 물을 준다.

물과 기도가 작은 흙더미 속에서 생명의 기적을 일으키

며 언제까지고 우리 거실의 꺼지지 않는 생명의 촛불로 타기를 염원하게 된다.

그것이 한 번 피어서 일년 내내 지지않는 꽃으로 버티고 있었다면 오히려 징그러웠을지 모른다.

수선스럽지 않게 조용히 지고 피는 순환 속에서 그 꽃은 내밀히 또 내게 가르침을 준다.

저무는 듯한 꿈도 다시 가슴으로 품어 늘 지지않게 다독이는 정성으로 생명은 이어질 수 있음을 일깨운다.

내 현실의 창조자 

우리는 우리가 하는 생각으로 스스로의 현실을 창조한다는 그 엄연한 사실을 제대로 실감하지 못하고 산다.

옛날 과학에서는 생각이나 감정이 물리적 변화에 관계없다고 믿었지만 그것은 틀렸단다.

새로운 과학에서는 모든 것이 우리 자신의 믿음, 생각, 감정에 의해 물질화되는 것이란다.

그것이 양자물리학의 기본이란다.

우리의 건강에서부터 세상 돌아가는 것에 이르기까지 우리가 맞이하는 현실은 내 마음 속의 믿음의 파동으로부터 시작되는 것이란다.

그러니 바라보는 대상에 아무 영향을 주지 않고 그냥 바라보는 것으로 끝나는 게 아니라는 것이다.

우주는 저기 있고 나는 여기 있어서 서로 독립된 어떤 것이 아니라는 것이다.

내가 바라보는 대로 대상은 나의 영향을 받아 나에게로

돌아오는 것이다.

미운 사람이 있는 것이 아니라 미워하는 마음으로 바라보는 것이 미운 사람을 만드는 것이고 예쁜 마음으로 바라보아야 예쁜 사람을 내 앞에 두고 살수가 있는 것이란다.

그러니 우리는 그저 세상을 바라보는 자에 지나는 것이 아니라 현실을 창조하는 존재인 것이다.

우리가 바라보며 보내는 양자적 에너지가 우리가 보는 세상을 바꾸고 창조한다니 우리가 창조자가 아니고 무엇이겠는가?

내 생각이 잠시도 쉬지 않고 끊임없이 변화하며 움직여 가는데 그렇게 만들어져가는 에너지에 정말 유의하지 않으면 내가 감당 못할 현실을 내가 만들어놓고 내 현실에 불평하며 운명만을 원망하는 어리석음을 범하게 된다.

그런데 우리의 생각의 단초는 두 가지 동인으로 구별된단다.

'사랑' 아니면 '두려움'이 모든 생각의 기저에 있는 기초적 감정이라는 것이다.

사랑의 정서에 따라 감정이 일어나면 그 감정이 갖는 높은 진동이 의식에 전달되어 기분 좋은 현실이 만들어지고 두려움의 정서에 따라 감정이 일어나면 그 감정이 갖는 낮은 진동이 의식에 전달되어 우울한 현실이 만들어진다는 것이다.

컴퓨터에 넣는 명령어에 따라 원하는 결과가 나오듯 내 생각 속에 사랑의 명령어를 넣어야 행복한 결과가 나오고 두려움의 명령어를 넣으면 바람직하지 못한 결과, 그러나 정확하게 그 명령어에 맞는 결과가 나온다는 것이다.

그러니 우리는 무엇을 좋게 해달라고 신께 조를 필요가 없다.

내가 주도권을 갖고 사랑의 씨앗을 심으면 우주는 정확한 컴퓨터처럼 좋은 열매를 수확할 수 있게 해준다니 이 사실을 잊지말 일이다.

사랑의 근원

〈나라야마 부시꼬〉라는 일본 영화를 본 적이 있다.

먹을 것이 부족한 산골 마을 사람들의 삶과 욕망과 죽음에의 두려움이 적나라하게 묘사된 영화였다.

자신이 굶어 죽을까 두려워 자식을 낳아 밭에 버리고 팔아먹기도 하는 인간 이성의 밑바닥을 보게 하는 영화였다.

도둑질, 강간 등의 죄악이 마을에 관영해 있었다.

무차별한 성행위가 어지럽게 난무하는 광경도 보여준다.

먹을 것이 없어서 자식을 죽이면서도 아이러니하게더 많은 생명을 퍼뜨리고자 하는 동물적 본능에서인지 무분별하게 행해지는 성행위가 인간 욕망의 끝을 보게 한다.

물질적으로도 가난하지만 더욱 가난한 가슴 속 어딘가 빈 곳을 채우고 전체가 되고자 하는 몸부림인지 근원에 가닿고 싶은 잔혹한 욕구인지 인간적이면서 동물적인 양측면에서 화면은 삶의 절실함으로 가득 찬다.

영상 위로 가끔씩 무심한 동물의 모습들이 클로즈업

된다.

동물의 모습과의 비교를 통해서 동물과 다름없는 욕망을 갖고 있으면서 동물보다 더 깊은 죽음에의 두려움과 절실한 근원에의 동경을 품고 있는 인간 존재를 더 비참하게 드러낸다.

이웃의 식량을 도둑질했다는 이유로 이웃 사람들을 산채로 구덩이에 파묻는 잔인한 역사도 이어진다.

먹는 식구를 줄이고자 늙은 부모를 나라야마 깊은 산 속에 내다 버리는 것이 이 동네의 관습이다.

죽음에의 두려움에서 벗어나지 못하는 한, 자식도, 부모도 모두 자기의 생존을 위협하는 두려운 타자에 불과한 것이다.

죽음에의 두려움 때문에 욕망은 더욱 거세어지고 죄악은 더욱 잔혹해진다.

이 영화에서 두려움을 물리치는 것은 어머니의 사랑뿐이다.

진정한 사랑이 있는 곳에 두려움이 없음을 어머니만이 보여준다.

해골이 득실대는 나라야마 깊은 산 속에다 자신을 버리고 가는 아들을 위해 버림받은 어머니는 기도한다.

그 모습에는 아무 두려움도 보이지 않는다.

"나라야마에 가면 산신령이 있을까요?"라고 늙은 어머니를 버리기 위해 등에 지고 가는 험한 산길에서 아들이 질문한다.

나라야마에 있다는 그 산신령은 버림받았음에도 자식을 위해 기도하는 어머니였음을 영화는 아픈 메시지로 전해준다.

눈 내리는 산길을 내려가는 아들을 위해 합장하고 기도하는 어머니의 그 자리엔 이미 어머니를 버린 주체도 버림받은 객체도 없었다.

고려장으로 버려진 수많은 해골이 음산한 바람에 버석거리는 어둠과 두려움이 가득한 그 나라야마는 역설적으로 사랑의 근원이 되고 있었다.

공격의 역설

우리는 살아가면서 때로 어이없는 공격을 당하기도 한다.

도와주고도 원망을 듣는다든지 이유 없이 미움을 받는다든지 죄 없이 시기 질투의 대상이 되는 때가 많다.

물론 내 쪽에서도 그런 공격의 주체가 되는 경우도 많다.

서로 상대의 분노에 찬 공격 때문에 격한 싸움이 일어나기도 한다.

에고에 가득 찬 상대의 공격을 평온하게 수용할 수 있는 성인은 많지 않다.

에고에 가득 찬 공격에는 또 이쪽의 에고가 즉각 반응하게 되어 있다.

그런데 심리적으로 상대에 대한 공격은 사실은 더 깊은 심리 속에 사랑에 대한 요청이 숨어있는 것이라 한다.

공격은 두려움에 근거하는 것이고 외면당하는 것이나 사랑받지 못함에 대한 두려움이 있기에 그 이면에는 관심과 사랑에 대한 요구가 있는 것이라 한다.

공격은 치료나 도움을 필요로 하는 호소라는 것이다.

그러나 나를 공격해오는 그 포격 속에서 사랑을 요청하는 부름을 듣기란 쉽지 않다.

어이없어서 드러내는 분노가 일반적인 반응일터이다.

공격하는 자의 에고에 대응하기 위해서는 내 속의 에고의 개입이 불가피하기에 분노는 정당한 반응이 된다.

그런데 그 공격 속에 숨겨진 도움에의 호소를 거부하는 것은 내가 필요로 하는 도움이나 치료를 거부하는 것이 된단다.

즉 나의 에고를 치료할 수 있는 기회를 스스로 버리게 되는 것이란 말이다.

우리는 같이 살아가야 하는 존재들이기 때문이리라.

도움을 줌으로써 도움을 받는다는 것이 진실이란다.

그러니 그의 도움에의 요청인 공격을 오히려 감사하는 것이 비결이란다.

왜냐면 궁극적으로 그것이 내가 도움을 받을 수 있는 길을 여는 방법이기 때문이리라.

가장 괴로운 것은 이렇게 공격적인 존재와 가족으로 함께 살아가야 하는 사람들일 것이다.

그런데 인간관계로 자기 인생의 테두리에 들어온 사람

들은 이유가 있어 거기에 와 있는 것이란다.

그 이유가 '사랑'이란다.

정신 분석학자, 브라이언 와이즈 박사는 우리가 환생하면서 사랑의 빚을 진 사람들이 다시 만나서 못다한 사랑을 주거나 받거나 균형을 맞추어야 하기에 "결코 사랑은 잊지 않는다"고 한다.

공격받으면서 그가 기어코 '내게서 받아내려는 사랑의 빚이 있나보다' 하는 생각을 할 수 있다면 방어의 두 주먹을 내려놓을 수 있을까?

공격을 받으면서 그렇게 그의 공격을 나의 도움과 사랑을 요구하는 호소로 들을 수만 있다면 싸움도 전쟁도 피할 수 있을 것이다.

그것이 결코 쉬운 일은 아닐지라도….

축복의 가면

"정말요?"

"정말요?"를 반복하며 뒷말을 잇지 못하는 목소리가 떨리고 있었다. 전화기를 든 손도 같이 떨리고 있었다.

"아! 네, 네, 네에..." 힘없는 목소리로 "네"를 반복하더니 털썩 주저앉는다.

"암이래!" 한마디를 뱉어내더니 얼굴을 감싸 쥔다.

머리가 띵했다. 얼굴을 감싸쥔 딸애를 껴안고 있는 팔이 감각 없이 풀리더니 "아니 이 젊은 나이에… 저 어린 것들을 어쩌라고…"

가슴 속에서 온갖 탄식이 뒤엉키기 시작한다.

네 살짜리 딸과 이제 돌도 안된 아들 두 아이를 두고 이 세상의 행복을 혼자 다 가진 듯 살던 딸이 어느 날 목욕하다 만져진 망울 때문에 검진을 받은 몇일 후 '암'이라는 통보를 받은 것이다.

젖을 먹이다 말아서 생긴 멍울인 줄로 가볍게 생각하다

가 뜻 밖의 통고를 받은 것이다.

그리고 나서 수술, 그리고 항암치료와 방사선 치료가 이어지는 동안 나는 딸네를 돌보아야 하는 일로 정년을 한 학기 남긴 시점에서 두 달 휴직을 해야 했다.

착한 사위는 다함없는 정성으로 환자를 돌보고 다독거려 딸은 다행히도 어려운 치료과정을 잘 극복해주었다.

이런 일이 나의 자식에게 닥칠 수도 있는 일임을 상상도 못하고 살다가 갑작스럽게 당한 일에 몸과 마음이 힘들었는지 딸네를 돌보던 어느 시점에서 내 몸도 아우성을 치며 신호를 보내기 시작했다.

머릿 속의 혈관이 팽창하는 듯 편두통이 오는가 했더니 두피가 손도 못대게 아프고 화끈거렸다.

그러더니 머릿카락들이 암환자처럼 우수수 빠지기 시작했다.

겁이 덜컥 났다.

그러나 재택근무하면서 딸애를 병원에 데려다 주고 데려오느라고 딸이 치료받는 동안 차 안에서도 컴퓨터로 직장 일을 하며 고생하는 사위에게 나까지 아프다고 할 수가 없었다.

병원이 가까이 있는 것도 아니고 멀리 있으니 나를 태

우고 다녀야 하는 사위의 고충을 더 해주고 싶지 않았다.

눈치 채지 않게 진통제를 찾아 먹고는 내 몸의 자연 치유력에 모든 것을 맡겨보기로 작정했다.

신이 주신 자연 치유력을 자각하고 감사하며 신의 사랑과 그 힘에 나를 맡기는 마음의 기도를 간절히 올렸다.

정수리의 혈관이 팽창하는 듯 뜨끔거리던 증상이 뒷머리 쪽으로 내려오다가 몇일 후 오른 쪽 귀 뒤로 내려오더니 급기야 귀까지 욱신거리기 시작했다.

그래도 딸과 사위를 걱정시키지 않고 오직 환자인 딸과 어린 아기들이 편안하기만을 바라며 기도로만 어느 날 홀연히 증상이 사라지기만을 염원했다.

머릿 속과 귓 속의 통증이 점점 귀 밖으로 빠져 나오는 듯한 느낌을 받으면서 조금씩 안심이 되기 시작했다.

귓 속을 들여다 볼 수는 없으나 귀바퀴가 벌겋게 부풀어 오른 모습을 보며 통증이 피부 겉면으로 나오는 것은 괜찮은 징조다 싶어 안심이 되었다.

통증으로 잠을 설치기도 하고 진통제를 수시로 먹으면서 버틴 지 오랜 시간이 지났다.

딸의 항암 주사 치료도 끝나고 방사선 치료의 일정을 반이나 지나갈 무렵, 귀의 통증이 많이 완화되어갈 즈음 딸에게 내 귀를 좀 들여다 보라고 내밀었다.

머릿칼을 제치고 귀를 본 딸이 비명을 질렀다. 딸이 본 현상은 고름이 마르면서 딱지가 되어가는 상황으로 짐작되었다.

손을 댈 수 없이 쑤시던 것이 사라지고 귓바퀴의 붓기도 갈아 앉고 있는 것으로 보아서 딸이 본 현상은 흉했을지 모르나 나의 감각으로는 이미 나은 것으로 판단되던 상황이었다.

딸은 왜 말도 않고 이 지경이 되도록 참았느냐고 날 야단쳤다.

나는 이참에 신이 인간에게 넣어주신 자연 치유력의 위력을 체험했으니 얼마나 귀한 경험이었는지 모른다고 하면서 딸의 놀람을 달래주었다.

그렇다. 한 번쯤은 했어야 할 경험이었다.

왜냐하면 암투병 중에도 순간순간 밀려온다는 재발의 두려움 앞에 선 딸에게 산 경험으로 해줄 수 있는 말이 생겼기 때문이다.

우리 모두의 안에는 신이 장착해주신 치유력이 있다는데, 아프면 곧장 병원으로 달려가곤 해서 그 치유력에 온전히 의지해본 적은 없었던 것 같았다.

물론 의학의 힘도 빌려야 하겠지만 진정 살아있는 힘은 자신 안에 있다는 것을 믿어야 한다고 생생히 말할 수 있는 힘이 내게 생긴 것이다.

다시 깨끗하고 건강해진 귀를 어루만지면서 신이 주신 생명력과 치유력에 찬사와 감사를 수없이 보냈다.

방사선 치료 후 피곤해진 딸과 오붓이 앉아 향긋한 홍차를 함께 나누면서 우린 그 어느 건강한 때보다도 더 평화롭게 다정한 다과 시간을 즐길 수 있었다.

고요함 속의 보물 

스마트폰 보는 일에 길들여지고 온갖 소음 속에서 공부하는 것에 익숙해진 아이들을 보면서문득 문득 안타까운 마음을 갖게 된다.

자동차 소리 하나 들려오지 않는 적막 속에서 멍한 생각에 잠기기도 하고 자신을 돌아보며 글도 쓸 줄 알던 우리의 청소년 시절과 비교하면서 도대체 조용한 시간을 누리지 못하는 요즘 아이들의 환경에 안타까운 생각이 드는 것이다.

요즘 아이들은 보고 들을 것이 너무 많아서 주위가 산만하고 집중력이 없어지는 것은 물론그 때문에 참을성도 없어지는 건 아닐까 싶은 것이다.

어느 날 신문에 끼어 들어온 광고지 하나를 자세히 보게 되었다.

집중력과 기억력을 기적적으로 길러준다는 강의 광고

였다.

집중력을 길러준다는 그 기적의 방법이라는 것은 인위적으로 옛날의 환경과 같은 고요함을 정신 속에 불어넣어 주는 것이었다.

녹음된 새소리나 조용한 산사의 바람소리, 흐르는 강물소리 같은 것을 들려주고 고요히 정신을 갈아 앉히고 긴장을 풀게 함으로써 생각을 집중시키거나 무엇을 잘 기억하게 하는 방법이었다.

나는 그런 훈련 방법에 수긍은 하면서도 고소를 금치 못했다.

그 방법 가운데 가장 중요한 핵심은 고요함 속에서 긴장을 푼다는 것이었다.

인위적으로 들려주는 모든 자연의 소리는 이 세대가 잊고 사는 소리지만 우리 어린 시절에는 우리의 주변을 에워싸고 있던 자연스러운 환경이었다.

지금은 그런 소리를 녹음된 소리로 들으면서 긴장을 풀어야 한다는 것이 정말 아이러니했다.

인간이 기껏 발전시켜온 문명 때문에 긴장하고 살아야 된다는 사실이, 기껏 편하자고 발전시켜온 문명을 피해 편안해지자고 녹음기 속의 자연을 찾아가야 하다니 그 아이러니에 한숨이 아니 나올 수 없었다.

기계문명이 주는 긴장 속에서 끊임없이 경쟁하면서 되새겨 볼 추억조차 없이 소음에 익숙해져가는 아이들이 가엽게 여겨지기도 했다.

이기심도 칼날같지 않고 남을 경계하고 의심하는 일도 적고 투쟁적이며 도전적으로 살아야 된다는 강박관념도 덜하고 남과 비교하면서 상대적 박탈감에 괴로워 할 일도 적었기에 아니 그 모든 것보다 고요한 자연이 항상 옆에 있었기에 그렇게 긴장하며 살지 않았던 때는 일부러 긴장을 풀기 위해 무언가를 찾아다녀야 하는 일도 적었다.

기적의 방법이라는 것은 결국 자연의 흐름 속에 자신이 하나가 됨으로써 자유스러운 흐름 그 자체가 될 수 있다는 결론이었다.

그렇게 오래 수련이 되면 자신의 마음을 통제할 수 있을 뿐 아니라 식물이나 동물, 심지어는 광물계까지도 정신을 투사할 수 있는 자유로움을 획득한다고 한다.

문명은 우리로 하여금 확대된 자유로움을 누리게 해준 것 같지만 스마트폰이 없으면 한시라도 여유롭게 앉아 있지 못하는 정신적 불구가 되게 하지는 않았는지 모르겠다.

문명은 우리로 하여금 자연의 흐름을 거스르게 만들고 자연과 싸워 이기게 만들고 결국 자연을 장악한 것 같은 착각을 하게 만들었다.

그러나 결국 그럴까?

현대인은 문명의 사슬에 묶여 단 몇분간 전기만 나가도 아무 것도 하지 못하는 부자유한 존재로 잔뜩 긴장하고 살아야 하는 죄수인 것만 같은 생각도 종종 든다.

점점 우리의 환경은 우리를 잠시나마 고요 속에 집중하도록 허락하지 않는 것 같다.

조용히 명상이라도 할라치면 택배 기사의 초인종이 울리고, 전화가 오기도 하며 가족의 누군가가 텔레비전을 켜기도 한다.

새벽시간에도 자동차 소리가 그치지 않고 적막같은 것은 잠시라도 고일 시간이 없다.

스마트폰의 앱으로라도 인위적이나마 자연의 소리에 귀기울여보고 때로는 스마트폰 없이 산정에 올라 고요한 적막 속에 잠겨보는 것이 더없이 소중한 행복감을 선사하는 것을 경험해보면 좋겠다.

그 고요의 깊은 땅 속에 평화라는 금맥이 흐르고 있으니, 마음만 먹으면 그 평화의 행복을 누릴 수 있으니 이것이 얼마나 큰 축복이랴.

마음의 거리

무엇인가 미지의 것을 향해 동경하는 마음이 있을 때,

그 미지의 것과 마음 간의 거리엔 그리움의 빛깔 같은 것이 있다.

구체적이고 확실한 선이 아닌 아슴푸레한 안개 속의 화려함 같은 그것, 그 결핍과 갈증이 진정 우리를 살게 하는 힘이라고 정신 분석학자들은 말한다.

아프리카에는 이구아나라는 뱀이 있단다.

그 도마뱀은 찬란하고 영롱한 색채로 보는 사람을 유혹한다.

그 색채를 탐낸 사람들이 도마뱀에 화살을 꽂는 순간 그 영롱함은 사라지고 칙칙하고 어두운 색깔로 변한단다.

찬란한 유혹이었던 반면 낙담 천만의 소유가 아닐 수 없다.

아, 그것은 얼마나 우리의 욕망의 본질을 정확히 말해주는 예인지 모른다.

손에 잡지 않았을 때, 마음의 거리를 두고 그리워할 때 모든 것이 더 아름답고 신비하다.

한없이 유혹적인 그것은 마음의 거리를 두고 있을 때라야만 생명력이 있는 듯 하다.

겨냥해서 화살을 꽂고 내 소유로 만들어버리면 이미 유혹적일 때의 빛깔은 사라져버린다.

죽어버린, 매력없는 빛깔로 손 안에 머물게 된다.

이루어지지 않은 사랑만이 영원하다고 하지 않는가.

그토록 사랑하던 사람을 내 것으로 하고 같이 잠들어 같이 잠깨기를 소망하며 그 소원을 이루었을 때 갈망 속에 들끓던 피의 열기는 식어버린다.

에센스가 빠져나가고 남은 껍질의 무덤덤함이 소유라는 이름의 속성이다.

현실 안에서 내 것으로 만들어 그리움의 생명력을 탈취해버리기 전, 마음의 거리를 두고 고통하며 목말라하며 안타까워할 때만 열망의 불꽃은 타오른다.

이루어질 수 없는 사랑은 애간장을 마르게 하지만 그 사랑의 맥박은 쉬이 가라앉지 않는다.

생명력을 죽이는 소유가 없기 때문일 터이다.

스콧틀랜드를 여행할 때 네스호라는 호수에 간 적이 있

었다.

그 호수에는 십 수세기 동안 신비한 생물이 살고 있다는 전설이 있었다.

장시간 차를 타야했던 여정의 관광버스 안에서 그 전설의 호수를 주제로 한 미국 영화를 보게 되었다.

미국의 과학자가 온갖 과학 장비를 동원하여 절대로 상상의 생물 같은 것은 존재하지 않는다는 것을 증명하기 위해 모험을 하는 이야기였다.

여러 날 동안 각종 장비와 카메라를 동원하여 그는 괴물 같은 것은 호수에 살지 않는다는 것을 증명할 수 있게 된다.

그러나 호수 주변에 사는 한 어린 소녀를 만남으로서 그의 과학적 탐험은 전환점을 맞는다.

신비한 생물의 존재를 정말로 믿는 소녀는 어느 날 그 과학자에게 자기 친구인 그 생물을 보여주겠다고 안내를 한다.

놀랍게도 소녀는 생물의 현존을 과학자에게 보여준다.

그러나 과학자가 감추어두었던 카메라를 꺼내어 셔터를 누르는 순간 그 생물은 죽으면서 사라져버린다.

소녀는 다시는 자기 친구가 모습을 나타내지 않을거라고 울부짖으며 과학자에게 등을 돌린다.

네스호의 관광센터에는 상상의 생물 모형을 만들어놓고 지금까지 역사적으로 세계 각국의 과학자들이 그 존재를 확인하기 위해 탐험했던 기록들을 보여주고 있다.

그러나 어떤 과학적 시도도 그 신비의 존재여부를 확실하게 증명한 예는 없단다.

눈에 보이지 않는 전설을 믿는 사람들에게 신비는 존재하는 것이고 믿지 않는 사람들에게는 존재하지 않을 뿐이다.

그러나 어린 소녀의 순수한 마음 속에서 살아있던 전설을 과학이라는 이름으로 무너뜨리는 것이 얼마나 무모한 일인가 하는 생각 속에서 나는 네스호를 바라보았다.

지구의 북쪽 끝, 그 오지 마을 사람들을 지켜준다는 신비의 수호신을 그저 존재하는 것으로 믿고 마음의 거리에 신비는 신비대로 묻어두는 것도 좋지 않을까 하는 생각을 하며 석양에 반짝이는 네스호의 주변을 걸을 때 나는 모든 소유라는 이름의 허구를 다시 마음에 새겨보았다.

소유하고 확인할 수 없음으로 해서 남는 마음의 거리, 신비의 그 거리가 인생을 더 깊게, 인간을 더 폭넓게 하는 것은 아닐까 생각하면서…

고독의 공포

나이지리아의 어느 학생이 옥스포드 대학에서 공부하기 위해 20세에 그의 고향을 떠났다.

처음 영국에 갔을 때 그는 '고독하다'는 말을 여러 사람들로부터 곧잘 들었다고 한다.

그 말을 들을 때마다 그는 그 뜻을 물어보았다.

자기 나라의 문화나, 언어에 고독에 해당되는 말이 없었기에 그는 그 뜻을 잘 몰랐다는 것이다.

그 후 미국에 가서 2년 더 지난 후에 그는 비로소 그 말의 뜻을 알았다고 한다.

실제 고독할 수 밖에 없는 문화 속에서 비로소 고독이 무엇이라는 것을 체험하고서야 왜 사람들이 고독하다고 말했는지 그리고 그 고독의 실체가 무엇인지 알아갔을 것이다.

"현대 문명이 안고 있는 큰 문제란 무엇인가?"라는 질문에 가정의 붕괴, 환경오염, 과학기술문제 등을 제치고 의외로 "고독이다"라고 답하는 사람이 많다고 한다.

오죽하면 영국에서는 고독문제를 담당하는 행정부서까지 만들었을까?

많은 심리학자나 영성지도자들의 말에 의하면 사랑의 반대는 미움이 아니라 공포라고 한다.

미움이 생기는 것은 공포에서 비롯되는 것이란다.

그래서 나쁜 사람이 있는 것이 아니라 다만 깜짝 놀라고 있는 사람이 있을 뿐이라는 것이다.

그 공포 중에서도 다른 사람으로부터 분리되는 것에 대한 공포, 홀로 떨어짐에 대한 공포가 고독의 공포일 터이다.

자신의 홀로 있음을 직시하지 못하고 혼자 있지 않기 위해 늘 자기 주변에 누가 있는가를 확인해야 하는 그 끝없는 불안심이 사회의 결속력을 만들기도 하겠지만 혼자에 대한 근원적인 근심과 공포를 해결하지 않는 한, 1인 가정 사회, 노령화 사회로 가는 이 시대의 보이지 않는 곳에 드리워질 공포의 그늘이 얼마나 클 것인가 생각하면 섬찟해진다.

그러나 지진이나 큰 사고로 고통을 당하고 있는 곳곳에 밀려드는 관심과 인정의 물결을 보면 인간은 어디에서도 섬처럼 외롭게 있는 존재가 아니고 서로 다 사랑의 한 끈에 매여 있음을 확인하게 된다.

우리는 그 누구도 결코 혼자이지 않고 내가 손 뻗으면 따뜻함이 만져지리라는 것을, 그리고 그것이 바로 내 안에 있음을 믿을 수만 있다면 고독의 공포가 그리 심각해지지 않을 수 있으리라.

저항하지 않는 자유

올림픽 시즌이면 텔레비전을 통해 아름다운 빙상의 쇼를 자주 즐기게 된다.

땅위의 스포츠에서보다 더 긴박한 속도감과 유연함 속의 팽팽한 긴장을 지켜보고 있노라면 보는 사람에게도 빙판 위의 아슬아슬한 스릴이 전해져온다.

지상에서의 스포츠에서보다 더 첨예하게 느껴지는 것이 동작 마다에 함께 깃들어 있는 위험성과 우아한 동작들 속에 웅크려 있는 두려움과 그 두려움을 이겨내는 눈물겨운 투혼 등이다.

그런 것들을 간접적으로 느끼며 중계를 보고 나면 왠지 선수가 이겨낸 그 이김을 조금이나마 함께 누린 듯한 뿌듯함을 느낀다.

빙판 위의 점프나 스켈레톤, 스노우보드 등을 보고 있으면 위험천만한 그 운동들을 처음 시작했을 때 그들이 함께 안고 뒹굴었어야 했을 두려움과 실패와 좌절, 그리고 길고 긴 인내의 과정들이 짐작되어 그들의 도전정신과 용기에, 등위와 상관없이 박수를 보내게 된다.

수많은 시간의 피땀 어린 연습 끝에 결전의 빙판에 섰을텐데 앗차 하는 순간 넘어지는 것을 볼 때면 안타까움에 보는 이의 가슴마저 오그라든다.

그러나 지나간 시간들, 수없이 넘어지고 엎어지면서 닦아온 기량을 활짝 펼쳐 빙상을 누비며 위험한 고비를 멋지게 넘어가는 많은 선수들의 동작을 보고 있으면 그들이 천지의 리듬에 완전히 몸을 맡긴 듯한 자유로움을 느끼기도 한다.

어쩌면 그것은 어느 순간부터 두려움에 저항하지 않고 천지의 에너지 장에 자신을 맡김으로 수련을 이어온 과정과정의 결과물이 아닐까 싶다.

인간은 몸으로 고통과 위안을, 가슴으로 괴로움과 즐거움을, 마음으로 투쟁과 평화를, 영혼으로 고독과 교감을 겪으며 사는 것이란다.

누구나 지향하는 바는 위안과, 고통없는 즐거움과 투쟁없는 평화와 교감이겠지만 궁극적 행복을 향하는 길목에 언제나 고통과 괴로움, 투쟁과 고독이 있다는 것이 문제다.

고난의 다리 건너편에 있는 행복에만 눈길이 머물기에 맞닥뜨리는 어려움을 두려워하게 되고 장애에 저항하게 되는 것이리라.

그러나 사실 그 고통과 괴로움 자체의 어려움보다는 그 고통과 괴로움, 투쟁과 고독에 저항하느라고 더 많은 힘을 소진하게 된단다.

거친 파도가 일렁이는 인생의 바다에서 그것에 맞서 앞으로 나아가기란 얼마나 힘겨운 일인가.

그것이 파도라면 그저 몸을 내맡기고 물결을 타는 것만이 평화를 누리는 길일게다.

성공이라는 목표를 향해 앞으로 나아갈 때 험한 파도가 거스르는 물결이 되어 앞을 막아서면 우선 저항하려는 것이 본능적 반응이다.

애초부터 파도에 저항하지 않고, 흔들림에 맞서려 하지 않고, 몸을 완전히 맡겨버린다는 것은 쉬운 일이 아니다.

이런 우화를 들은 적이 있다.

거센 물결 속에서 떠내려가지 않기 위해 바위에 꼭 달라붙어 있던 생물들 중 하나가 "난 이제 너무 붙어있기가 힘들다. 이 바위를 놓고 떠나자."

어느 날 지쳐서 이렇게 제안했단다.

그러자 다른 생물들이 “안된다. 손을 놓는 순간 우린 부서지고 죽을거야.” 라고 반대하는데 처음 생물은 “난 그냥 죽을래”하고 바위에 붙은 손을 놓았다.

그는 금방 물살에 휩쓸렸고 다른 친구들은 그가 죽어버린 줄 알았지만 바위를 떠난 생물은 금방은 물결에 휩쓸려갔지만 잠시 후 표면 위로 떠올라 그 물결의 흐름을 따라 쉽게 흘러갈 수 있었단다.

몸을 맡겨버린다는 것이 목표를 잃어버린다는 것도 아니고 될대로 되라는 태도는 더욱 아니어야 하지만 자기 혼자 용쓰던 힘을 빼고 우주에 자신을 맡긴다는 것인데 거센 물결을 보고 있으면 그것이 그리 쉽지는 않은 결단이다. 그런데 일단 맡겨버리면 얼마나 신나는지 파도를 타 본 사람은 안단다.

하나로의 연결

문명세계에서 원시 이방세계로 간 남자는 거기 살고 있는 사나운 동물들의 공격을 받는다.

남자가 죽을 위기에 처하자 그곳의 원주민 여자가 그를 구해준다.

그에게서 두려움이 없는 강한 심장을 느꼈다는 것이 그를 구해준 이유라고 여자는 말한다.

그리고는 두려움이 없다는 남자에게 여자는 거친 동물들을 다루는 방법을 가르치며 이렇게 말한다.

"모든 살아있는 것을 통해 에너지가 흐른다. 그 흐름을 느껴야 돼."

남자는 여자의 가르침대로 난폭했던 말과의 교감을 느끼는 것을 배우고, 독수리같이 적대적이었던 새와 교감을 이루는 것을 배우며 점차 말을 타고 거침없이 숲속을 질주하고 새를 타고 무한 창공을 나르게도 된다.

나무들이 서로 그 뿌리를 통하여 나무들끼리 연결되어

있고, 뿐만 아니라 나무와 인간계가 연결되어 있고 다가서는 사람의 마음에 따라 꽃잎이 그 마음에 따라 반응하는 세계를 볼 수 있게 되자 여자가 남자에게 "나는 당신을 봅니다."라고 말한다.

남자도 여자에게 "나도 당신을 봅니다."라고 미소 짓는다.

"에너지의 네트워크를 이해해야 돼. 우리 모두는 서로의 생명을 위해 만들어진 존재야."라고 여자는 다시 말한다.

"아바타"라는 영화에서의 이야기다.

문명세계의 사람들은 다른 생명을 파괴해서라도 값진 광석을 얻으려고 이방세계를 공격하지만 모든 생명체들이 서로 연결되어 있으며 보이지 않는 그물망 속의 그 에너지들의 균형과 조화를 배려하는 사람들에게는 모든 대상이 자기와 똑같은 가치를 지닌 생명체로 보인다.

문명이라는 이름으로 에너지의 네트워크를 단절시키고 교란시켜 온 인간들의 이기심을 돌아보게 하는 영화, "아바타"의 메시지는 분명하다.

우리가 서로를 똑같은 가치를 가진 생명으로 보고 존중해야할 뿐 아니라 환경을 이루고 있는 모든 다른 요소들까지도 생명의 그물망으로 연결되어 있으므로 그 균형을 위해 배려하는 삶이어야 한다는 것이다.

인간과 인간, 신과 인간, 인간과 자연이 서로 분리되어 있음을 전제로 쌓아올려지는 모든 가치체계와 문명체계가 사실은 그 전제부터가 잘못 되어 있다는 것이니 서로 각각이 분리된 것이 아니라 사실은 모두 연결되어 있으며 하나라는 생각은 삶의 가치체계를 뒤엎어 버리는 혁명이다.

분리의 전제에서 생겨나는 것이 이 세상 모든 문제라는 것이니 그렇다면 모든 문제의 해결점은 우리가 모두 연결되어 있으며 하나라는 발상에 있을 것이다.

기실 '너와 내가 하나이며 타자란 없다' 가 각인된다면 세상에서 무엇이 문제될 것이 있으랴.

'지금'에 머무는 축복

누군가로부터 상처가 되는 말을 들었다.

마음이 울적해져서 하늘을 올려다본다.

푸른 하늘에 목화 송이처럼 떠 있는 구름이 꼭 웅크리고 앉아 우는 어린 아이 같은 모습이다.

우는 아이의 모습을 지켜보며 가슴 짠해 하는 사이 어느새 구름의 한 쪽 자락이 풀리면서 구름은 다시 다리를 뻗고 떼쓰는 듯한 아이의 모습으로 바뀐다.

내 감정이 가 닿는 듯 구름은 이리저리 바람에 밀려가며 내 마음을 담은 모습으로 뭉치고 흩어지곤 한다.

구름은 그저 물방울들의 모임일 뿐, 우는 아이도, 떼쓰는 아이도 아닐 터이지만 나는 순간, 우는 아이와 떼쓰는 아이와 동일한 존재가 되어서 잠시 젖은 마음이 된다.

내 마음 따라 수없이 모습을 바꾸어가며 흘러가다 흩어져버리는 것이 삶의 현상들이 아닐까 하는 생각을 하며 허공으로 간 부질없는 감정을 거둔다.

어느새 떨어진지 오래 되어 말라버린 낙엽이 발아래 밟히고 있다.

'또 한 시절이 가는구나' 하는 한숨도 함께 밟으며 이제 저무는 한해의 말미를 어떻게 경험할 것인지 생각해 본다.

어차피 의미를 부여하는 것은 마음이다.

한 해를 아무 한 일 없이 허망하게 보냈다고 하면 내 한 해는 그렇게 이름 지어지고 말 것이다.

아니면 그런대로 알찬 수확도 있었고, 성장할 수 있었던 한해였다고 하면 또 그렇게 의미지어질 수도 있는 한 해다.

이왕이면 좋은 쪽의 경험을 선택하기로 한다.

어떤 일에고 결국 가치 부여를 하는 것은 내 몫이다.

한 해 동안 일어났던 내 삶의 사건들과 내 안의 리얼리티와는 언제나 다르다.

밖에서 일어난 일이 나쁜 일일수록 내적으로는 그것을 달리 경험하려고 애쓴다.

삶에 문제가 일어나는 것이 아니라 경험할 일이 일어나는 것이라고 그렇게 생각하면 문제 앞에서도 가벼워진다.

누군가 나를 무시해서 불쾌감을 느꼈더라도 그 불쾌감

을 어떻게 바꿔볼까 궁리한다.

불쾌감을 지속하기 보다는 억지로라도 감정의 문법을 바꾸어버리는 것이 낫다.

내가 무시 당해서 기분 나쁘기는 하지만 나를 무시한 사람은 고소하고 통쾌할지 모르니까 그에게 통쾌함을 주었으니 선물한 셈 친다.

미친 짓이란 생각도 들지만 그러다보면 불쾌감은 어느새 사라진다.

어떤 사람이나 상황이 마음에 안 들어서 내면에서 마구 저항이 솟아 오를 때 문득 "경험을 바꾸자" 고 생각한다.

그 상황이 마음에 안 드는 것은 '마음 바닥에 과거의 데이터나 편견이 있어서일거야' 하며

'그저 있는 그대로 받아들여라'

'기대하지 말고 바라보아라' 라고 외쳐본다.

'잘못 되어가고 있네' 라는 생각이 튀어 오를 땐 '잘 되기 위한 과정이다' 하며 이를 악물고 그렇게 교통정리를 한다.

그러다 보면 지금 일어나고 있는 일에 내 판단이 겹쳐져서 지금의 색이 다른 색으로 변하려 할 때 경계심이 일게 된다.

그럴 때, 지금 일어나고 있는 일을 보는 내 눈에서 어떤

색안경도 걷어내려고 해본다.

나와 관련된 일을 중립적으로, 전혀 객관적인 일을 보듯 하기란 쉽지 않다.

그럴 때마다 '판단하지 말고 관찰만 할 것!' 하며 머릿속에 빨간 신호등을 켠다.

그렇게 해서야 비로소 마음의 평화를 느끼는 때가 많다.

두 번 생각할 여유를 허락할 수만 있다면 평안을 지키는 것이 어렵지만은 않다.

옳은 답이라는 것은 없고 내가 부여하는 것만이 옳은 답이라면 모든 것에 'ok'라는 답을 부여하기로 작정하는 한, 세상에 'not ok'할 일은 없을터이고 그러면 그것이 평화다.

심각해질 때면 무엇이 문제냐 라고 대범한 척하는 질문을 던져본다.

기차가 몇 시간씩 연착을 해도, 물건을 잃어버려도, 무슨 당황할 일이 일어나도 "그래서 지금 뭐가 문젠데?" 한다는 인도 사람들 식의 지혜는 인생을 무책임하게 방관하는 태도가 아니다.

현재의 '별 문제 없음'을 이어가다 보면 인생은 그저 긴 기차 여행 같은 과정이고, 별 문제 없는 평화로운 여정이 될 법도 하다.

지금 일어난 일 자체가 문제가 아니라 그 문제에 겹쳐 따르는 두려움 때문에 지금 이 순간을 문제 삼는 것은 마음이란 것이 옮겨 붙기 쉬운 불꽃처럼 순식간에 지금의 순간에서 과거의 경험들과 다음 순간의 염려로 자리를 옮기기 때문이다.

옮겨 붙은 불꽃은 허공에 망상의 어지러운 그림을 그리기 십상이다.

오지도 않을 미래의 갖가지 추정된 허상을 붙들고 많은 시간을 환상 속에서 낭비한다.

어떤 사람이 벌건 대낮에 공원에서 많은 사람들이 보는 가운데 어떤 미친 사람으로부터 봉변을 당했다 하자.

그 봉변을 당한 사람은 '별 미친 사람 다 보았네' 하고 머리 한 번 흔들어 보이고 그 자리를 떠난다.

그런데 그 광경을 목격했던 10여명의 사람들이 그것을 보지 못한 지인들에게 자기의 목격담을 이야기 할 때 실제 일어났던 일은 10여가지의 각기 다른 이야기로 각색되어 전해진다.

이야기를 전하는 사람 개개인의 머릿 속에 축적되어 있던 각기 다른 데이터들이 그 목격했던 광경과 만나는 지점에서 각기의 관찰과 판단과 감정을 제각기 다르게 생성해내기 때문이다.

그래서 실제 일어났던 일과는 다른 왜곡된 현실이 만들어져 유포된다.

실제 봉변을 당한 사람이 겪은 사건과는 전혀 다른 사건으로 각색되어서 전해지는 실제 사건이라는 것은 그렇다면 환상일 수 밖에 없다.

실제가 아니라는 이야기다.

그래서 뉴스를 볼 때도 한 발짝 물러서서 보려고 한다.

저것이 백퍼센트 진실은 아닐지 모른다는 여백을 두려 한다.

그런데 그것은 남의 사건에만 해당되는 이야기가 아니다.

우리가 살아가면서 당하는 모든 역사를 우리는 우리의 현실이라고 부른다.

현실에 일어나는 객관적 일이 있다. 그 일에 맞닥뜨리는 나는 그동안 살아오면서 축적한 여러 데이터들과의 접점에서 그 일을 겪는다.

어떤 특정한 일에 부딪혔을 때 그 일을 겪는데 작용하는 많은 정보들을 과거 데이터로 갖고 있는 사람이 겪는 현실과, 전혀 그와 같은 과거의 정보가 없는 상태에서 그 현실에 부딪히는 사람이 겪는 경험은 다르다.

그래서 경험은 왜곡된다.

현실이라는 실제는 늘 변형된 옷을 입는다.

내가 갖고 있는 판단의 자로 재어진 옷, 내가 가지고 있는 감정의 색깔로 덧 칠해진 옷을 입는다.

옷 안의 실체는 보이지 않게 되고 실체는 옷으로 인해 전혀 엉뚱한 것으로 변한다.

그 각색되어진 것을 또 다른 사람들이 보고 다시 그것을 변형시킨다.

그렇게 되다 보면 진실이라고 사람들이 믿는 것도 모두 실체에 덧 칠해지고 변형되어진 외형에 불과한 경우가 많지 않을까.

그러니 얼마나 많은 경우 우리는 실제가 아닌 현실을 실제인양, 진실인양 붙들고 온갖 감정을 이입하며 제 멋대로 판단하고 규정하고 두려워하며 살아가고 있는 것일까.

마야를 붙들고 진짜인양 살아가는 평생이 왜곡된 자아로 사는 왜곡된 삶인지도 모른다.

실제는 사실 보이지 않는 경우가 더 많다.

객관적인 사실 너머에 있는 실제를 보지 못하는 것은 그 사실에 보태어지는 나의 과거 데이터 때문일 때가 많다.

그것은 과거의 것들이기 때문에 사실은 존재하지 않는 것들인데 현재의 존재를 가름하는 중요 요인으로 작용하니 잘못된 현실을 만들 수 밖에 없다.

실제를 만나려면 '지금 이 순간'에 있는 것이 중요한 이유다.

과거의 데이터는 나의 생각을 형성하고 내 생각은 내 관점을 만들고, 내 관점은 내 믿음체계를 창조해낸다.

그것들이 내 주관, 내 주장, 내 고집으로 굳어져서 다른 관점, 다른 믿음체계들과 충돌하여 갈등을 일으키고 싸움을 만들어내고 지울 수 없는 경계선을 이루기도 한다.

현재에 존재하지도 않는 과거의 정보들 때문에 헛되이 만들어지는 불목과 갈등으로 생이 어두워진다면 이 얼마나 부질없는 생이란 말인가.

있지도 않은 그림자 같은 과거의 일들, 그로 인한 상처, 분노들로 인해 덧없이 변하는 마음은 기류의 향방 따라 토끼였다가 사자로 변하고 금세 한 마리 새가 되기도 하는 저 푸른 하늘의 구름송이들 같은 그런 것이 아니랴.

세모의 모퉁이에 서서 한 해를 돌아보며 하늘의 구름처럼 그렇게 순간순간 이리저리 모양을 달리 해온 마음을 돌이켜 본다.

구름 뒤엔 언제나 변함없는 푸른 하늘이 있고 찬란한 태양이 있음을 잊지 않는 것만이 위안이다.

'지금 이 시간'에 머묾으로서 오는 축복은 평화고 자유다!

이행수 수필집 영혼의 산책길

펴낸날 2018년 12월 31일
지은이 이행수
펴낸이 윤영진
편 집 함순례

펴낸곳 도서출판 심지
등록번호 제2003-000014호
주소 대전광역시 동구 대전천북로 12
전화 042) 635-9942
팩스 042) 635-9941
전자우편 simji42@hanmail.net

ISBN 978-89-6627-167-2 03810

값 10,000원

* 이 책은 대전광역시, (재)대전문화재단에서
사업비 일부를 지원받았습니다. 대전광역시 대전문화재단